나는 **혼자** 공부로
3개월만에
수능1등급찍었다

공부법 개조 프로젝트

나는 혼자 공부로 3개월 만에 수능 1등급 찍었다

엄명종 지음

중앙books

✖ 차 례

PART 2 본격! 만점으로 가는 공신공부법 기술 9가지

진짜 상위 1%는
혼자 공부한다

2007년 자기주도 학습법 열풍이 불면서 많은 학교, 공공기관, 학원에서 '혼자 공부'에 대한 관심이 고조되었던 적이 있었다. 자기주도 학습은 사교육비 절감에 도움이 된다는 판단 하에 당시 교육부에서도 많은 관심과 지원을 아끼지 않았다. 또한 선행학습 방지책의 일환으로 자기주도 학습은 사교육의 대안이었고, 실제 각 시·도 정부기관은 자기주도학습지원센터를 오픈하며 관내 중고등학교의 학업 성취 역량을 높이는 데 일조하기도 했다. 그뿐만 아니다. 많은 지자체는 자기주도 학습 전문가 양성과정을 개설해 원하는 부모님들을 전문가로 양성했고, 많은 부모님들이 직간접적으로 방과후 교사로 활동하기도 했다.

그 무렵 시중엔 수많은 공부법 책이 쏟아져 나왔다. 개인의 경험을 바탕으로 한 공부법 책, 서울대생들의 경험을 토대로 한 공부법 책, 일본의 유명한 작가가 쓴 공부법 책 등이 등장하면서 자기주도 학습이 유일한 대안이라고 강조하는 분위기가 있었다. 그리고 많은 자기주도 학습 전문학원들이 등장했다. 그러나 10년이 지난 지금 많은 자기주도 학습관들이 문을 닫았다. 왜 그랬을까? 그것은 이론은 괜찮았으나 충분한 임상을 거치지 않고 적용부터 하려는 욕심 때문이었다. 지금 현재 남아 있는 자기주도 학습학원은 결국 혼자 공부도 중요하지만 티칭을 버릴 수 없는 현실을 인정했다. 그 결과 티칭과 자기주도 학습을 겸하는 학원이 조금씩 늘어나는 추세다.

게다가 가르치는 방식과 시스템의 문제도 컸다. 단순히 학생들을 책상에 앉히고 혼자 공부하게 한 뒤, 공부하다가 모르면 역질문을 통해 다시 생각하도록 한 다음 그래도 모르면 대학생 멘토들에게 질문해 답변을 받는 구조가 문제였다. 물론 이 구조가 나쁘다는 것은 아니다. 다만 메타인지 능력이 부족한 상태에서 공부법도 모른 채 자기주도 학습을 시킨다는 게 문제라는 것이다.

혼자서 5시간 이상 제대로 공부하게 하려면 공신공부법을 먼저 배우고 익히면서 훈련을 해야 된다. 공신공부법은 명문대 합격생 1600여 명의 공부법을 유형화하고 공통분모를 표준화해 코칭 철학에 맞춘 공부법이다. 누구나 6개월만 따라 하면 자신만의 최적화된 공부법을 만들 수 있는 것이 핵심이다. 그리고 코칭을 통한 '공부법 알기 → 나만의 공부법 찾기', 독학 훈련을 통한 '공부법 반복 적용 → 나만의 공부법 완성' 이렇게 총 4단계를 하는 것이 효과적이다.

이 책은 지난 10여 년간 중앙일보 공신캠프에 참가했던 학생들이 효과를 본 것과 캠프 이후 공신공부법 방문코칭 서비스로 중고등학생들을 만나 얻은 노하우를 정리해 집필한 것이다. 이 책이 공신공부법에 대한 올바른 이해와 더불어 공신공부법 훈련 지도 포인트를 잘 짚어줄 것이다. 아무쪼록 자신만의 공부법을 발견하고자 하는 학생들과 지도하는 부모와 코치들에게 진심으로 도움이 되길 바란다. 무엇보다

이 책을 읽는 학생들이 코치의 시각으로 본인의 공부 방법을 살펴본다면 공부법 개선에 많은 도움이 될 것이다. 궁금한 것이 있으면 언제든지 연락을 줘도 좋다.

　책이 나오는 데까지 도움을 주신 분들이 적지 않다. 원고가 나올 수 있도록 도와주신 중앙일보플러스 임직원들, 그리고 ㈜한국청소년코칭센터의 임직원들과 강사님들, 1:1 코칭으로 불철주야 학생들을 만나 매진해준 ㈜일등공신 임직원들 모두에게 감사를 드린다. 마지막으로 원고 쓴다고, 언제나 등 뒤에서 밤늦게까지 기다려준 가족들에게도 진심으로 감사한다.

엄명종

✖ PART 1 ✖

혼자 공부로
수능 1등급 찍는
공신공부법코칭

Chapter 1

나에게 맞는
공부법 찾기

당신의 공부법을 코치해드립니다

3년 전 TBS '기적의 TV 상담받고 대학가자'에서 전화가 왔다. '학습동기 부여 강화'를 주제로 한 강연 부탁이었다. 많은 학생들이 내신, 구술면접, 수능이라는 죽음의 트라이앵글 속에서 고생하고 있는데, 이들에게 지속 가능한 학습동기 부여가 될 수 있도록 내용을 알차게 구성해달라는 요청이었다.

방송이 끝난 뒤, 많은 부모님들이 공부법코칭에 대한 문의를 주셨다. 어떻게 하면 성공적인 입시를 준비할 수 있는지, 그리고 내신 성공을 위해 어떻게 공부하는 것이 효과적인지 구체적인 솔루션을 원했고, 방송에서 얘기한 학습동기 부여를 자신의 자녀들에게 적용하고 싶다고 말씀해주셨다.

방송 이후 고등학교 1학년 동훈이를 만났다. 중학교 때까지 성적이 중위권이었던 동훈이는 고등학교에 진학하면서 큰 충격에 빠졌다. 고등학교 1학년 첫 모의고사에서 언/수/외/탐 올 4등급이었기 때문이다. 처음에는 4등인 줄 알고 좋아했는데, 총 9등급 중 4등급이라는 사실을 알았을 때의 그 표정을 나는 지금도 잊지 못한다.

한편 동훈이의 엄마는 동훈이가 연세대 경영학과를 목표로 하지만 노력을 하지 않는 것 같아 속이 상했다. 학원도 다니고 과외도 하지만, 하루에 게임 1시간씩을 꼬박꼬박 하고 있다는 점이 엄마의 속을 뒤집어 놓기에 충분했다. 이뿐만 아니다. 주말이면 축구 하느라 정신이 없었다. 목표도 있고 꿈도 있는데 '우리 애는 왜 공부를 안 할까'가 엄마의 최대 고민이었다.

아이의 학습 능력 파악이 중요

우선 동훈이의 학습 능력을 파악해보았다. 자기관리 영역인 정신관리, 신체관리, 환경관리, 학습관리, 시간관리 등을 살펴보니 이 중 정신관리 점수가 유독 낮았다. 정신관리 점수가 낮다는 것은 목표가 불분명하고, 학습동기가 결여되었다는 것을 의미한다.

동훈이가 정말 CEO가 되고 싶은 게 맞는지 궁금해서 몇 가지 질문을 했으나, 동훈이는 CEO가 어떻게 하면 될 수 있는지, 만약 경영학과를 진학한다면 어떤 학교가 있고 입시를 어떻게 준비해야 되는지 등을 잘 알지 못했다. 이것을 진로진학 달성경로라고 한다. 달성경로를 명확하게 알아야 충분한 학습동기 부여를 갖게 만드는데, 동훈이는 이 부분이 부족했던 것이다. 진단 이후 CEO의 분야 중 유통회사가 적성에 맞는다는 것을 알게 되었다.

분야의 범위를 좁힌 이후에는 내신 성적표와 모의고사 성적표를 분석했다. 1학년 1학기 중간고사, 기말고사 성적과 모의고사 3월, 6월 성적표를 살펴보니 당시 성적으로는 수도권 대학 지원도 어려워 보였다. 생활기록부상의 자율 활동과 동아리 활동들이 경영학과 진학과 어떻게 관련이 되는지 동훈이에게 물어가며 코치했다.

진로 목표를 다시 점검하고 동훈이의 내신과 모의고사 평가 점수를 기반으로 향후 2년 뒤 생활기록부가 어떻게 기록되어야 하는지, 그러려면 어떤 활동을 해야 되는지 보고서를 작성해 부모님과 동훈이에게 주었다. 한 번의 코칭으로 자신이 현재 갈 수 있는 대학과 가고 싶은 대학을 비교·분석해 솔루션을 준 것이다.

그러자 동훈이의 눈빛이 달라지기 시작했다. 막연했던 목표가 성적 분석으로 선명해지니 자신이 무엇을 지금부터 해야 될지 알게 된 것이다. 동훈이는 그동안 자신에게 이렇게 구체적으로 안내해준 사람이 한 명도 없었다고 했다.

코칭 이후 진학 목표를 달성하기 위해 내신과 생활기록부를 잘 준비해야 한다는 것을 깨달은 동훈이에게 공부법을 알려주었다. 동훈이에게 맞는 공부법을 알려주니 정말 공부를 안 하던 동훈이가 이후 열심히 공부하기 시작했다. 그렇게 2년이 지난 뒤 동훈이는 내신 2등급으로 졸업했고, 대입 수시에서 학생부종합전형으로 한국외국어대 경영학과에 합격했다.

공신공부법과 공신공부법코칭

최근 사교육에서 자기주도 학습 이후 학부모들의 관심을 받고 있는 이슈는 단연 '혼자 하는 공부(이하 혼자 공부)'다. 여기서 말하는 '혼자 공부'는 단순히 홀로 공부하는 것이 아니라, 스스로 동기부여를 하고 꾸준히 앉아 최소한 하루 5시간 이상 공부하는 것을 뜻한다. 이는 많은 학부모들이 바라고 원하는 것이다. 스파르타 기숙학원이나, 독학 재수학원 등이 인기를 끄는 이유도 여기에 있다. 그러나 정말 효과가 있을까? 그렇지 않다. 물론 한 달 독학 캠프나 기숙 학원을 다녀온 후 혼자서 공부하는 학생들도 있으나 잘못된 자신만의 공부 방법으로 시행착오를 반복하면서 홀로 공부하는 경우가 흔하다.

하지만 공신공부법을 배운 뒤 혼자서 공부하는 것은 질적으로 다르다. 공신공부법은 명문대 대학생 약 1600명의 공신 멘토들의 공부법을 유형화하고 공통분모를 표준화해 코칭 철학에 맞춘 공부법이다. 성격 유형별로 공부법을 표준화시키되, 누구나 6개월만 따라 하면 자신만의 최적화된 공부법이 만들어질 수 있도록 했다. 공부를 안 해본 학생들은 공부 도구를 통해 쉽게 공부하는 법을 익힐 수 있도록 하며, 공부해도 성적 향상이 부진한 학생들은 보다 생산적으로 공부할 수 있도록 코칭 대화법으로 돕는다.

공신공부법코칭은 학생의 현재 공부법을 분석하고 문제점을 찾아 코칭 대화법으로 동기부여한다는 점에서 기존의 공부법 지도와는 차이가 있다. 코칭 대화와 공부법 시스템으로 교과서 공부법, 단권화, 태도와 기술, 과목별 공부의 이유 등을 학생들에게 가르치고 훈련시킨다. 그래서 2011년부터 중앙일보 공부의 신, 공신캠프의 메인 프로그램으로 채택되어 사용되고 있고, 서울시교육청 및 경기도교육청에서 주최한 교사 직무연수 프로그램으로 활용될 정도로 활용 가치가 우수하다는 평가를 받아왔다. 중앙일보 공신캠프는 현재 2만여 명의 학생들이 다녀갔고, 교사 직무연수는 약 1만 명 넘게 수강을 했다. 학생에게 맞는 최적의 공부법을 찾아주는 공신공부법 코치는 코칭심리학을 공부하고 입시, 진로진학, 공부법을 모두 경험한 분들로 최소 5년 이상의 임상을 거친 분들이다.

공신공부법으로 성적이 오르는 이유

공신공부법을 배운 학생들은 성적이 반드시 오른다. 그리고 공부법을 통해 삶을 살아가는 방식을 배운다. 그러다 보니 대학에 가서도 꾸준히 A⁺학점을 받고 각종 취업시험에도 두려움 없이 임한다. 고등학교 내신 4등급이었던 학생이 내신 2등급으로 올라 경희대에 진학하고, 내신 5등급이었던 학생이 동국대에 진학했으며, 내신 3등급이었던 학생이 서울대에 진학했다. 이뿐만 아니다. 특성화고 내신 9등급이었던 학생이 수능 언/수/외/탐 등급 4/1/1/1을 받아 한국항공대에 진학하기도 했다. 이들은 모두 어엿한 사회인이 되어 지금은 고위 공무원, 외국계 보험회사 직원, 현대자동차 연구원 등으로 근무하고 있다.

이들이 처음부터 공부를 잘한 것은 아니다. 자신들이 왜 공부를 해야 되는지 알고 공부했기 때문에 성적이 오른 것이다. 공신공부법코칭 이후 학생들은 혼자 하루 5시간 이상 생산적으로 공부했다. 누구에게나 주어진 24시간을 알뜰하게 사용한 것이다. 꿈을 찾아주고 동기부여를 시켜 성적이 오르게 하는 것은 한계가 있다. 물론 목표도 없고 의지가 없는 학생들에겐 1차적인 심폐소생술처럼 활용할 수 있으나, 지속적으로 학습동기를 부여하는 데는 힘이 부친다. 공신공부법코칭을 통해 동기부여하는 것이 가장 빠르다.

하루 5시간 이상
혼자 공부하는 아이 만들기

공신공부법코칭을 받은 학생들은 학습동기가 잘 부여된 상태에서 혼자 공부한다. 학사 일정에 맞게 자신의 학업을 스스로 관리하고, 성적관리에 많은 에너지를 쏟는다. 또한 자신이 이미 알고 있는 것과 모르고 있는 것을 구분하는 메타인지를 활용해 학습할 내용을 계획하고 실천한다. 스스로 높은 질적 수준의 공부법을 바탕으로 학습관리 · 시간관리 기술을 활용해 단권화(여러 권으로 되어있는 책을 한 권으로 요약하거나 합치는 것)에 힘쓴다. 차원이 다른 혼자 공부를 하고 있는 것이다.

그들의 이런 노력은 도대체 어디서 시작된 것일까? 공신공부법코칭 이후 혼자 공부 5시간 이상이 되기까지 가장 필요한 3가지가 있다.

첫째, 선명한 진로진학 목표 ✏️

선명한 진로진학 목표는 고등학생들을 위한 동기부여 학습의 첫 단추다. 학생들이 분명한 진로진학 목표를 갖기 위해선 사실 중학교 1, 2학년 자유학기제 기간을 알뜰하게 보내는 것이 도움이 된다. 늦어도 중학교 3학년까지 진로진학 목표가 확립되어 있으면 고교 생활이 훨씬 수월하다. 진로진학 목표가 선명하게 확립된 상태에서 고교 진학을 한 학생과 그렇지 않은 학생의 차이는 실로 엄청나다. 진로진학 목표가 선명할수록 공부의 이유도 선명해지기 마련이고, 이는 자연스럽게 학습동기로 이어진다. 진로진학 목표가 불분명한 학생일수록 학습의지가 낮고, 심리적 방황도 길게 하는 편이니 초기에 진로진학 목표를 분명히 할 것을 권한다.

둘째, 정확한 입시정보 파악 ✏️

코칭을 하다 보면 자신이 진학하고 싶은 대학의 모집요강을 한 번도 보지 않은 학생이 부지기수라는 것을 알게 된다. 대학의 모집요강은 보통 4월이나 5월에 발표되는데, 학생들보다 입시 컨설턴트들이 더 많이 찾아본다. 더욱 안타까운 것은 입시설명회를 찾아다니는 주체가 학생이 아닌 학부모라는 점이다. 전 세계에서 입시설명회에 학부모가 이렇게 많이 모이는 나라는 거의 없다. 자신이 원하는 대학교 모집요강을 스스로 찾아보게 하는 것이 좋다. 대학이 어떻게 학생을 선발하는지, 그 기준은 무엇인지, 수능 최저를 반영하는지 등을 꼼꼼하게 살펴보고 자신의 상태를 점검해보아야 학습동기의 두 번째 단추를 꿸 수 있다. 기대 목표와 현실 파악이 선명하면 선명할수록 공부를 제대로 열심히 한다. 목표와 현실 사이의 갭을 줄이도록 돕는 것이 공신공부법코칭이다.

셋째, 모르는 것을 알아가는 기쁨 맛보기 ✎

사실 혼자 공부하게 만드는 힘은 여러 가지가 있다. 미래에 대한 두려움, 절박함 등 말이다. 고등학생들에게 가장 효과가 있었던 것은 공부할 때 모르는 것을 알아가는 기쁨을 맛보게 한 것이었다. 보통 학생들은 문제를 풀라니까 풀고, 수업 들으라니까 듣고, 학원을 가라니까 가는 식의 수동적인 공부를 해왔다. 실제로 평일 오후 7시부터 10시까지 대치동 학원 일대를 방문해보니, 멍하니 창밖을 바라보는 학생, 좁은 교실에서 피곤에 찌든 채 엎드려 자는 학생 등 공부에 집중하지 못하는 아이들을 많이 볼 수 있었다. 그들에게 단도직입적으로 방정식과 함수의 차이가 무엇이냐고 질문해보면 방금 배운 내용인데도 쉽게 답변하지 못했다.

모르는 것을 알아가는 기쁨을 맛보아야 진정한 내면의 동기가 생긴다. 공신공부법코칭이 필요한 이유가 여기에 있다. 코칭을 하면서 문제를 풀기 전 상태와 풀고 난 직후의 감정을 직면시키는 기술이 내면의 학습동기를 끌어올린다. 감정직면기법을 활용하면 자신이 발전하고 있다는 것을 몸으로 느끼기 때문에 스스로 동기부여의 근원이 되어 결국 혼자서 공부하게 된다.

공신공부법이 안 통하는 아이도 있다?

코칭으로 도움받았던 학부모들 중엔 유명한 공신들에게 자녀를 맡겼음에도 성적이나 변화가 없어 찾아오는 경우가 많았다. 그들이 주로 하소연했던 것은 "왜 우리 아이에겐 변화가 없을까요?"였다. 이유는 간단하다.

아이 1: 공부를 해본 적이 없어 무작정 따라 한다

유명한 공신들의 공부법은 지극히 개인적인 공부법에 지나지 않는 경우가 많다. 또한 공신의 공부 그릇과 내 아이의 공부 그릇의 크기가 다르다. 그릇이 서로 다르기 때문에 무작정 따라 해서는 성적이 오르기 어렵다. 게다가 시중에 소개된 공부법의 수만 52가지가 넘는데, 그

중 한두 가지를 가지고 아이에게 맡길 바라는 것은 무리다. 아이 스스로 자신에게 맞는 공부법을 알고 있어야 이리저리 바꿔가며 자신만의 스타일로 소화할 텐데, 공부를 해보지 않은 아이에겐 어려운 일이다.

아이 2: 공부가 재미없다

내 아이만의 공부법이 계발되려면 직접 공부를 해봐야 되는데, 이를 막는 것이 바로 학생들이 느끼는 공부의 지루함이다. 깨우치고 알아간다는 것은 고통이다. 몇 년 전 제주의 A고등학교 학생들과 2박 3일간 공부법 캠프를 진행한 적이 있었다. 당시 그룹별로 공신공부법을 가르쳤고, 학생들도 열심히 재미있게 따라주었다. 공부법 원리를 설명하면서 몸으로 익힐 수 있도록 협동 학습을 한 뒤 서로에게 알려주는 파트너 학습을 시도했다.

캠프가 끝나갈 무렵, 한 학생에게 그동안 배운 것을 스스로 정리한 뒤 발표해보라고 했다. 그 학생은 배운 내용을 서슴없이 잘 설명했다. 그리고 마지막으로 소감을 물었더니 "2박 3일 동안 배우고 익히는 것이 힘들었지만 정말 재미있었다"는 대답이 돌아왔다. 무엇이 재미있었는지 다시 질문했더니 "처음엔 정말 재미가 없었는데 공부를 왜 해야 되는지 이해가 되니 '한번 해보지 뭐'라는 생각이 들었다"고 했다. 실제로 처음엔 관심 없던 학생들이었지만 시간이 지날수록 수업에 임하는 자세가 달라졌다. 그리고 공부법 내용을 교과서와 연계해 원리를 설명해준 뒤 다시 말로 설명해보게끔 했더니, 자신이 무엇을 이해하고 무엇을 이해하지 못하는지 알아차리게 되면서 흥미가 붙었다고 했다.

시중에 떠도는 공신들의 공부법이 내 아이에게 적용되지 않는 두 번째 이유가 여기에 있다. '계획을 세워라' '플래너를 써라' '노트를 만들어라' '앞 글자만 따서 한번 암기해라' '노트를 단권화시켜라' 같은 공부 기술 중심의 공부법이 과연 얼마나 갈 수 있을까? 여행도 목적이 있을 때 재미있다. 마찬가지로 자신이 왜 공부를 해야 하는지 충분한 이유가 납득되지 않은 상태에서 하는 공부는 재미도 없고 지루하기만 하다. 공부의 이유를 과목별로 짚어보고, 자신만의 공부 이유를 갖도록 돕는 것이 공신공부법코칭의 핵심이다. 자신만의 이유가 성립된 학생들은 지루하더라도 의미를 부여한다. 그런 의미 가운데서 반복을 할 때 알아차림이 생기고 순간 공부에 재미가 붙게 된다. 코치는 학생이 몰랐던 것을 알아가는 기쁨을 누릴 수 있도록 배우기 전과 후의 감정을 직면하도록 돕는데, 학생들은 이 과정 또한 매우 흥미로워한다.

아이 3: 반복하는 것을 싫어한다

반복을 싫어하면 원리를 깨우치기 어렵다. 보통 달인이 되려면 반복해야 한다는 말이 있는데 이는 사실이다. 공신들의 공부법이 내 자녀에게 적용되려면 같은 시간, 같은 것을 최소한 다섯 번 반복해야 된다. 이것을 5회독이라고 하는데, 5회 반복하면 반복한 내용이 단기기억으로 저장된다. 그리고 여섯 번째 반복할 때 학습 내용이 장기기억으로 저장된다. 문제는 여기까지 반복하는 학생들이 많지 않다는 것이다. 시험은 중요한 학습 내용이 얼마나 오랫동안 머릿속에 남아 있느냐가 관건이다. 공신들의 공부법이 제대로 적용되기 위해서는 반복하는 지루함을 이기는 것이 중요하다. 이를 극복하도록 돕는 것이 바로 코치의 격려와 지지, 그리고 모르는 것을 알아가는 기쁨을 깨닫게 해주는 코칭 질문이다.

공신공부법코칭의 강점 5가지

공신공부법코칭에는 다른 공부법과 차별화되는 포인트가 있다. 과연 무엇이 다른지 공신공부법코칭의 강점 5가지를 소개한다.

공신공부법코칭은 돈이다

몇 주 전 피곤해서 병원을 찾았다. 촉진, 청진, 문진을 한 다음 피로가 많이 쌓인 것 같다며 비타민 처방을 내주었다. 그래서 한 달 동안 비타민을 복용했으나 그 효과는 미미했다. 그래서 그다음 달엔 한방병원에 갔다. 한의사는 부항과 침으로 어깨와 목을 치료해주었다. 면역력이 떨어졌다며 한약을 처방해주었다. 한 달 동안 역한 한약을 먹었으나 또다시 본래 상태로 돌아왔다. 양방과 한방을 오가며 순회를 하고 있던 차에 친한 후배 내과 의사를 찾아가 진료를 보았다. 진료를 마친 후배는 "형, 식습관을 바꾸고 아침에 30분만 가벼운 운동을 해"라고 했다. 그러고는 아무런 약과 주사도 처방해주지 않았다. '이게 뭐야'라는 생각이 들었으나 후배가 제시한 식단 중심으로 식사를 했고, 아침마다 30분 운동을 했다. 그랬더니 20일 정도 지나자 몸이 가벼워지기 시작하면서 평소 높았던 간 수치도 내려갔다. 진정성 있는 후배의 조언이 석 달 가까이 병원 순례를 하던 나에게 많은 도움이 되었다. 더불어 돈과 시간도 절약되었다.

그동안 만났던 학생들이 현재 이런 모습이다. 성적은 오르지 않고, 동기는 저하되고, 의욕은 지속적으로 떨어지고 있는데 이 학원 저 학원, 과외를 하러 돌아다니고 있다. 근본적으로 해결해야 할 것은 공신 공부법을 통한 학습동기 부여다. 학원에 가거나 인터넷 강의를 듣거나 과외를 받아도 6개월 내 성적이 오르지 않는다면 공부법에 문제가 있는 것이다.

공신공부법코칭의 핵심은 아이에게 공부법이라는 주제로 코칭을 하기 때문에 동기부여가 쉽고, 아이 스스로 열정을 불태워 혼자 공부하게 만든다는 것이다. 일일이 문제를 풀어주거나 답을 주지 않아도 된다. 학생 스스로 문제를 풀어야 하는 이유와 풀었을 때의 성취감을 깊이 느끼도록 하기 때문에 학원, 인터넷 강의, 과외보다 효과가 훨씬 좋다. 생각해보라. 동기부여가 안 된 학생을 주입식으로 학습시킨다고 그 결과가 나아질까? 나아질 수 없을뿐더러 비용만 증가한다. 보통 영·수학원만 보내도 한 달에 70만 원 정도 들어가고 여기에 과외까지 하면 약 100만 원이 소요된다. 1년이면 1000만 원이다. 그런데 성적은 어떤가. 성적이 과연 올랐는가?

공신공부법코칭은 시간이다

부모님들과 상담하다 보면 공부법 배울 시간에 그냥 학원에 보내겠다는 분들이 가끔 있다. 그러나 이는 잘못된 생각이다. 문제를 하나 푸는 것보다 중요한 것은 원리를 이해하는 것이다. 공신공부법 중에 누적 반복 학습원리가 있다. 복습할 내용을 같은 날, 같은 시간에 반복하면 시간이 반으로 줄어든다는 원리인데, 이 원리를 제대로 활용하는 학생들이 드물다. 왜 그럴까? 반복할 때 자신이 얻을 수 있는 것이 명확하지 않다고 여기기 때문이다.

열심히 공부하는 학생들 중 공부할 시간이 부족하다며 잠을 줄이는 경우도 있는데 이 방법은 오히려 역효과만 불러온다. 또한 공부할 양이 많아 무리하게 계획을 세우지만, 이러한 계획은 지켜지지 않는 경우가 더 많다 보니 자연스럽게 동기가 저하되어 악순환이 반복된다. 그러나 공신공부법을 배우고 익히면 시간을 절약할 수 있을 뿐만 아니라, 시행착오를 줄일 수 있기 때문에 오히려 시간이 남아 더 많은 양을 공부할 수 있다. 그렇기에 공부할 양이 많은 고등학생일수록 공신공부법을 빨리 배울 것을 권한다.

공신공부법코칭의 내용에는 시간 도둑이라는 개념이 있는데, 학생들마다 가지고 있는 시간 도둑을 어떻게 처리할지 솔루션을 제공한다. 여기서 시간 도둑이란 공부하는 데 걸림돌이 되는 것을 일컫는데 보통 멍 때리기, 게임, PC방, 각종 SNS 등을 말한다. 중요한 것은 이런 시간 도둑의 폐단을 제대로 이해하면 행동을 그만둔다는 점이다. 잘못된 행동인 줄 알면서 자신도 모르게 반복하도록 내버려두는 것이 아니라, 스스로 결단하게 하고, 하지 않도록 도와주는 것이 바로 공신공부법의 내용이다. 실제로 게임을 끊었던 대치중학교 3학년 현철이의 질문이 떠오른다. '선생님 게임을 끊었더니 하루 4시간이 남아요. 이제 뭐해야 되죠?'

공신공부법코칭은 자기주도성이다

자기주도성은 스스로 생각하고 선택한 뒤 책임지는 능력이다. 주도성이 탁월한 학생들은 학습관리 능력이 좋다. 기본적으로 교과서, 노트, 선생님이 나눠준 프린트물 등을 잘 보관하고 목차의 내용이 어느 단원에 속해 있는지도 잘 알고 있다. 스스로 자료를 관리하고, 관련 학습 내용을 요약·정리하는 것을 기술적인 측면이라고 생각하기 쉽지만, 모든 것은 자기주도성으로부터 시작된다. 주도성은 신념의 문제다. 내가 왜 해야 하는지에 대한 분명한 이해가 없다면 학생들은 움직이지 않는다.

보통 자기주도 학습은 자극과 반응이라는 구조를 알면 이해하기 쉽다. 주도성의 반대말은 반사성인데, 반사적인 학생들은 어려운 수학문제를 풀 때 문제가 막히면 주저 없이 문제집을 덮고 다른 것에 주의를 쉽게 돌린다. 생각 확장이 고통스러운 것이다. 반면에 주도적인 학생들은 어려운 수학문제를 풀 때 문제가 막히면 풀릴 때까지 붙잡고 늘어진다. 어디서 어떻게 잘못되었는지 구체적으로 살펴본 다음 이해하고 풀어낼 의지를 갖고 차근차근 꾸준하게 생각한다. 이 꾸준하게 생각하는 자세가 바로 책임감이다.

공신공부법코칭은 만점이다

공신공부법코칭은 일회성이 아니라 지속적인 성적 향상을 추구한다. 1등이 아닌 만점이 목표이기 때문이다. 시험 목표를 만점에 두게 되면 친구들과 비교하거나 경쟁할 필요가 없고, 오직 자기 자신과 비교하고 경쟁하기만 하면 된다. 만점을 맞기 위한 수업 자세와 집중력을 향상시키는 방법, 학교 선생님을 나만의 개인교사로 만드는 심리적 방법, 수업 직후 5분 복습 방법, 성공적인 예습과 복습 방법, 시험 3주 전 법칙 등을 학생에게 알려주되, 코치는 1등이 아닌 만점을 위해 사용하라고 코칭한다.

공신공부법코칭은 공부습관이다

공신공부법코칭을 배우고 익히다 보면 어느덧 학생들은 공부습관 자가 된다. 매일 같은 시간에 같은 것을 반복하는 습관이 형성되었기 때문이다. 이것이 가능한 이유는 바로 학습동기 부여의 꽃인 메타인지 능력이 향상되었기 때문이다. 자신이 아는 것과 모르는 것을 구분하는 능력을 메타인지라고 하는데, 그동안 가르쳐본 많은 학생한테 이 능력이 부족했다. 이 능력이 향상되려면 일정 기간 동안 코치가 옆에서 질문하고 답하는 연속과정이 있어야 한다. 이때는 무작정 앉혀놓고 계획을 세우고 실천시키고 피드백하는 것이 아니라, 교과서를 중심으로 '읽기(Read)-질문(Ask)-정리(Outline)'라는 3단계에 맞춰 깨달음을 증폭시키는 RAO 코칭 기술을 활용한다. 학생에게 교과서를 읽으라고 한 다음 코치가 '이게 무슨 뜻이니?' 등과 같은 질문을 해서 학생 스스로 생각하고 답을 내릴 수 있도록 하면, 학생들은 생각하면서 공부하는 법을 배우게 된다. 생각하면서 공부를 할 때 흥미가 생기는 것이고, 이 공부 흥미가 결국 공부습관을 만드는 기초가 된다. 보통 학부모들은 공부습관은 코치가 끊임없이 관리해주면 된다고 생각하는데 이는 틀린 생각이다. 스스로 깨우쳐 가는 공부가 진정으로 공부습관을 만든다는 것을 기억하고, 오늘부터 학생을 관찰한 뒤 코칭하길 바란다.

공신의 시크릿노트

학습 능력 진단표

항목
01. 성적이 차이 나는 것은 머리가 좋고 나빠서가 아니다. ☐
02. 학원이나 과외의 선택은 내가 스스로 필요에 의해서 결정했다. ☐
03. 계속 공부해 나가는 것에 대해 자신감이 있다. ☐
04. 공부를 반드시 해야만 하는 이유가 명확하다. ☐
05. 공부를 열심히 할 마음의 준비가 되어 있다. ☐
06. 정신적인 슬럼프에 빠질 때도 있지만 잘 이겨낸다. ☐
07. 내 인생의 목표를 달성하기 위해서 지금의 공부를 한다고 믿는다. ☐
08. 공부뿐만 아니라 어떤 일도 남들에게 지고 싶지 않다. ☐
09. 부모님·선생님께서 조언해주시는 말씀을 따라야 할 필요가 있다고 생각한다. ☐
10. 공부를 잘하기 위해서는 내 마음 자세가 제일 중요하다고 생각한다. ☐
11. 예습·복습을 한다. ☐
12. 나만의 공부 방법이 있다. ☐
13. 나보다 공부 잘하는 친구들의 공부 방법이나 습관이 궁금하다. ☐
14. 오답노트나 요점정리노트를 만든다. ☐
15. 참고서나 문제집을 너무 많이 사지 않는다. ☐
16. 한 번 구입한 책은 끝까지 보는 편이다. ☐
17. 공부에서 암기와 이해는 함께 병행되어야 한다. ☐
18. 시험 결과에만 연연하지 않고 오답노트를 만들어서 되돌아본다. ☐

19. 나의 취약 과목과 전략 과목을 알고 있다.	☐
20. 성적을 올리기 위한 공부법의 변화를 찾고 있다.	☐
21. 지금 해야 할 공부가 명확하다.	☐
22. 달성 가능한 분량의 공부 계획을 세운다.	☐
23. 시험에 대비해서 2~3주 전부터 구체적인 계획을 세워 공부한다.	☐
24. 일단 세운 계획은 충실히 실천하려고 한다.	☐
25. 방학을 대비한 계획을 세우고 방학 기간을 보낸다.	☐
26. 계획을 세워서 공부하는 것은 공부습관에 도움이 된다.	☐
27. 외부적인 요소에 따른 계획 변경이 적은 편이다.	☐
28. 나만의 계획표가 있다.	☐
29. 자투리 시간에 대한 계획도 적극적으로 활용한다.	☐
30. 나만의 공부시간 활용법이 있다.	☐

01~10개: 학습 능력의 기초가 부족하다. 작심삼일의 경험이 있고, 체계적인 전략의 부재가 크다. 공부의 이유부터 공부습관까지 되돌아보아야 한다.

11~20개: 무엇을 해야 되는지 알고 있으나 행동으로 옮기는 것을 어려워한다. 지속적인 동기 관리와 공부법에 대한 올바른 이해와 적용이 필요하다.

21~30개: 공부시스템을 만들 필요가 있으며, 플래닝과 피드백을 주기적으로 해야 한다.

Chapter 2

공신공부법코칭,
누구나 할 수 있다

공신공부법코칭의 핵심, 공부원리

공교육에서 수년간 공부법 캠프를 기획하고 운영하면서 많은 대학생 멘토들을 만났다. 멘토들을 채용하고 교육시킬 때 그들의 학창 시절 공부 방법, 특히 수능 상위 1% 안에 들었던 학생들의 공부 방법을 면밀히 살펴보았는데, 표현하는 방식은 다 다르지만 일관된 패턴이 있다는 사실을 알게 되었다.

'교과서를 최소 다섯 번 이상 반복해서 본다' '선생님이 알려주신 내용은 꼼꼼하게 정리하고 요약한다' '문제집을 풀되 틀린 문제는 반복해서 풀어본다' '백지에 다시 요약정리를 해본다' 등 다양한 공부 방법들 안에는 다음과 같은 원리가 숨겨져 있었다.

　　교과서를 최소 다섯 번 반복하고, 틀린 문제를 다시 풀어보고, 백지에 다시 요약정리를 하는 등의 모든 과정들은 사실 이해를 돕기 위한 과정이다. 즉 그들은 이해를 하기 위해 300%의 의지를 가지고 있었다는 사실이다. 이해를 하기 위한 의지가 넘달랐기 때문에 이해력도 높았다.

　　특히 눈길을 끌었던 부분은 요약을 정말 잘한다는 점이었다. 평소 이들이 공부한다는 것은 요약하고 정리한 뒤 문제집을 풀면서 이해와 암기를 강화하는 것을 말한다. 방과후 백지 테스트, 암기용 마인드맵 정리, 오답노트 작성 등이 모두 이에 해당한다. 이들에게 암기는 단순 암기가 아니었다. 이미 이해한 것을 외우고 있었다. 충분한 이해를 바탕으로 요약하다 보니 자연스럽게 암기되었다.

　　이해, 요약, 암기가 시스템적으로 되다 보니 문제집 풀이 후 활용방식도 달랐다. 문제집을 풀되 모르는 것이 나오면 문제집을 통째로 오답 문제집이라 여기고 반복해서 풀어본다든가, 오답을 별도의 노트에 유형별로 정리하면서 똑같은 실수를 반복하지 않으려고 애썼다는 것 등이 달랐다.

　　문제집을 고르는 방법 역시 남달랐다. 우선 문제집을 양과 질로 구분했다. 보통 성적이 낮은 학생들은 자신에게 맞지 않는 문제집을 고르거나 사놓고 풀지 않는 경우가 많았다. 그런데 이들은 달랐다. 이들은 우선 문제집 선택의 기준을 질과 양으로 구분한 뒤 '기출 문제집' 'EBS 문제집' '모의고사 문제집' '심화 문제집' '기본 문제집' 순으로 구분했다. 기출 문제집을 제일 좋은 질로 여겼고 그다음이 EBS 문제집, 모의고사 문제집 등의 순이었다. 기본 문제집은 질보다는 양 중심의 효과가 있기 때문에 자신의 학습 능력 수준에 맞게 단계별 문제집을 선택하고 풀었다. 자신이 알고 있는 개념을 다양하게 적용해보면서 오류가 난 부분은 다시 정리했다.

이러한 공부법은 웬만한 동기부여와 의지가 아니면 하기 쉽지 않다. 일련의 패턴을 3년 동안 분석해보니 놀랍게도 이들은 다음과 같은 공통분모가 있었다.

첫째, 주도적이다.

공부의 주인이 자신이라는 점을 명확히 이해하고 있었다. 누가 시켜서 하는 것이 아니라 스스로 자신의 공부를 하고 있었다는 점이 특징이었다. 주도성은 선택과 책임이다. 자신이 공부할 양을 정하고 책임 있게 완수하는 학생들이었다. 그러다 보니 수업 자세가 그 누구보다 좋았고, 배운 내용을 자신의 것으로 만들기 위한 노력을 아끼지 않았다.

둘째, 목표가 확실하다. ✎

이들을 1:1로 만나 "학창 시절 무엇 때문에 공부를 했느냐?"라고 물었다. '미래에 내가 하고 싶은 일이 있기 때문에'란 대답이 전체 학생 중 58%가 넘었다. 설령 당장 목표가 없더라도 '공부란 선택의 폭을 넓히기 위한 수단'이라는 인식을 하고 있었다. 물론 이들 중 목표 없이 입시에 성공한 소수의 학생들도 있었다. 그들은 입시에 성공은 했으나 대학생이 되어 심하게 방황하는 경향이 있었고, 편입·전과·반수를 선택하는 비율도 더 높았다.

셋째, 시간관리가 뛰어나다. ✎

공부 계획과 우선순위 결정이 확실했다. 전체 응답 학생 1600명 중 80%가 계획한 것은 실제로 지켰다고 했다. 특히 그날 계획한 것은 반드시 이루어 냈다는 점이 인상적이었다. 자신이 계획한 것을 마감하기 위해 친구들과 약속을 잡지 않았고, 제안받더라도 거절 의사를 기분 나쁘지 않게 표현하는 학생들이었다.

넷째, 구분과 요약에 탁월하다. ✎

무엇이 중요하고 중요하지 않은지 구분하는 능력이 있었다. 수업을 들으면서 핵심이 무엇인지 빨리 알아차리다 보니 수업에 자신감이 있었고, 메타인지 능력으로 공부 생산성이 높았다. 게다가 요약정리를 정말 잘했다. 주어진 지문을 표나 그래프로 표현하는 것은 기본이고, 역으로 표나 그래프를 보면서 해석하는 능력을 가지고 있었다. 이것은 중고등학교에 올라오기 전 충분한 독서를 기반으로 자신의 생각을 표현해보았던 경험 때문에 가능한 것으로 나타났다.

능동적인 공부 vs 수동적인 공부

실제로 공신공부법을 배웠던 학생들 중 70% 이상이 내신 2등급은 기본적으로 오를 뿐만 아니라, 대학 진학 후에도 A⁺를 받는 데 많은 도움이 되었다고 한다. 수학문제를 풀어준 것도 아니고, 영어문제를 풀어준 것도 아니다. '이해-요약-암기-적용'이라는 프로세스 안에서 공신공부법 코치가 학생이 이해하고 공부하는지, 암기가 충분히 되었는지, 적용은 충분히 되었는지 지속적으로 피드백한 결과다.

학원을 6개월 다녀도 성적이 오르지 않는 학생들도 있다. 성적이 오르지 않는 이유가 분명 있음에도 그들은 바꾸려 하지 않는다. 방법이 잘못되었다는 것을 알면서도 기존 방식을 그만두지 못하는 것은 무엇 때문일까? 떠먹여주는 공부가 편하기 때문이다. 받아먹는 공부가 지속될수록 학생들은 수동적일 수밖에 없다. 수동적인 공부 자세는 결코 입시에서 성공할 수 없다. 그래서 초등학교 4학년 때부터 혼자서 공부할 수 있도록 동기부여시킨 뒤, 교과서 중심의 공부법을 하도록 지도하는 것이 매우 필요하다.

물고기 잡는 법을 생각해보자. 한번은 어부인 친구를 따라 바다낚시를 하러 남해바다에 나간 적이 있다. 처음엔 그냥 낚싯대를 던지고 끌어올리면 그만이라고 생각했다. 그런데 그게 아니었다. 친구는 물고기 위치를 전파탐지기로 파악하고 어떤 물고기를 잡을 것인지 정하더니 미끼를 선택했다. 낚싯줄을 수심 몇m 정도까지 내려보내야 되는지, 감으로 물고기가 다가오고 있는지, 물었는지 등을 알아차리면서 결국 월척을 낚았다. 친구의 조언에 따라 낚시를 직접 해보았다. 처음이라 잘 되지 않았다. 그럴 때마다 탁월한 어부 친구가 조언과 시범을 아끼지 않으며 시행착오를 줄일 수 있도록 도와주었다. 한 열 번을 같이 다니다 보니 낚시 노하우를 제대로 전수받은 것 같았다. 그 뒤 어부 친구 없이도 혼자서 낚시를 즐기곤 했다.

공부 역시 마찬가지다. 결국 공부도 직접 해봐야 되고, 시행착오를 줄이기 위해선 공부법 원리를 기반으로 지도받는 것이 좋다. 교과서를 어떻게 읽어야 되는지, 노트 정리는 어떤 방법으로 해야 되는지, 프린트물을 어떻게 관리해야 되는지 등을 밀도 있게 배우고 적용해봐야 시험에서 월척을 낚을 수 있다.

공부법을 알고 혼자 공부한다는 것은 생각하는 공부의 첫걸음이며, 이는 모든 부모들이 원하는 이상적인 상태다. 학생들을 만나 공신공부법코칭을 전수한 뒤 그들에게 나타난 가장 큰 변화는 생각하면서 공부하게 되었다는 점이다.

생각 없이 공부하는 학생 1000여 명을 1:1로 만나봤는데, 대다수가 아무 전략도 없이 시간 때우기 식의 공부를 했다. 그리고 그들은 무의식적으로 해야 된다는 의무감에 사로잡혀 주어진 수행평가나 숙제를 해결하는 데만 급급했다. 스스로 학습량을 정하고 마감시간 내 계획한 것을 처리해 내겠다는 의지조차 엿보기 힘들었다.

그러나 공신공부법으로 지도했을 때 그들이 가장 크게 깨닫는 것은 자신이 여태껏 공부한 것은 정말 공부가 아니라는 점이다. 자신의 공부법에 문제가 있다는 것을 깨닫고는 마음이 급급해지는 사례가 많았다. 그런데 깨달았다고 바로 수정이 가능한가? 그렇지 않다. 무작정 혼자 자기 방에 들어가 공부하는 것이 아니라 주어진 24시간을 효과적으로 사용하기 위해 전략적으로 공부해야 하기 때문이다. 그리고 이를 위해선 공신공부법코칭을 통해 자신의 공부 방법을 바꾸고 제대로 된 공부법을 학습해야 한다.

공부 스타일
파악하기

요가나 필라테스를 배울 때, 지도자가 누구냐에 따라 몸의 반응이 달라지는 것을 경험해본 적이 있을 것이다. 그것은 지도 기술이 표준화되어 있지 않고 사람마다 지도 포인트가 다르기 때문이다. 학생들을 지도하는 사람은 유형별 지도 포인트를 생각하고 학생들을 지도하는 것이 중요하다. 이때 주목해야 할 2가지 중요한 포인트가 있다.

- 학생의 유형을 빠르게 파악해 어떻게 동기부여시킬 것인가?
- 어떤 방법으로 지도할 것인가?

유형과 방법을 얼마나 빠르게 파악하느냐에 따라 시행착오를 줄일 수 있다. 유형을 파악하려면 무엇보다 학생을 만났을 때, 에너지의 높낮이를 파악하는 것이 도움이 된다. 에너지의 높고 낮음을 통해 동기 부여의 방법을 선택할 수 있기 때문이다. 예를 들어 에너지가 낮은 학생의 경우 코치가 빨리 에너지를 긍정적으로 끌어올려주는 것이 우선 과제가 된다. 반면 에너지가 높은 학생의 경우 지속적으로 끝끼지 완수할 수 있도록 지도 방법을 설정하고 시스템을 체계적으로 함께 만드는 것이 관건이다. 에너지의 높고 낮음만 보고도 기본적으로 지도 방향과 방법을 잡을 수 있다.

공부 유형 4가지

진리 탐구형

진리 탐구형들은 논리적이면서 독창적인 유형으로, 문제 해결 가능성에 초점을 맞추고 문제를 객관화해 분석하는 것을 선호한다. 이들은 소크라테스식 문답 학습을 매우 선호하며, 연역적 추리보다 귀납적 추리에 의한 문제 해결과 정보 처리, 조사 연구를 통한 발표를 선호한다. 특히 '내가 더 알아야 할 것은 무엇인가?' '이 문제를 통해 얻을 수 있는 큰 통찰은 무엇인가?' 등의 반어적인 질문을 통해 깨닫는 수업이 훨씬 효과적이다.

인간성 추구형

인간성 추구형들을 지도할 때는 무엇보다 빨리 친해지는 것이 관건이다. 이들에겐 가르치는 사람의 인간성이 매우 중요하다. 이들은 실제적이면서도 관계를 중시하기 때문에 협동 학습을 선호한다. 팀 과제를 함께 해결하는 협조적인 학습 환경을 좋아하며, 관계를 우선시한다. 이들을 코칭하려면 한 가지 주제를 놓고 서로 자료를 찾아오게 한 뒤, 시청각을 활용한 수업을 하는 것이 좋다. 누군가를 돕고 성장하는 데 관심이 많기 때문에 코치가 일방적으로 학생에게 무엇을 알려주어야 된다는 생각보다는 함께 만들어간다는 생각을 하면 훨씬 효과가 좋다. 진심으로 대하면 진심을 다해 자신의 행동을 바꾸려고 한다.

생산성 추구형

놀 땐 놀고, 공부할 땐 공부하고 싶어 하는 학생들이 바로 생산성 추구형에 속한다. 이들은 같은 시간 내에 최대한 높은 성적을 얻고 싶은 욕구가 많기 때문에 코칭 목표를 공부 생산성에 두는 것이 효과적이다. 짧은 시간 내에 빠른 집중력으로 공부해서 성과를 내려는 학생들의 특징은 보통 벼락치기 공부를 선호한다는 것이다. 그들은 벼락치기를 통해 성적이 잘 나오면 자신을 믿고 오히려 평소에 공부를 더 안 하는 경향이 짙다. 그렇기 때문에 코치는 벼락치기보다 더 나은 성적 향상 시스템이 있다는 것을 알려주고 코칭 대화법으로 생각을 바꿔주는 것이 필요하다. 또한 주간시험을 보도록 권장해 성취감을 맛보도록 하는 것이 훨씬 낫다. 이들은 실용적이며 실제적이라서 계획석인 학습이나 반복식 암기 위주의 학습과 실세 도구를 활용한 경험학습을 추구한다. 한 가지 문제를 해결할 때 분석적인 방법을 추구하려는 경향이 있으며, 무엇보다 애매모호한 설명을 정말 싫어하니 교사나 코치는 이 점을 염두에 두길 바란다.

의미 추구형

의미 추구형은 정열적이고 온화하고 통찰력이 있는 유형이다. 분석을 위해 감정을 주로 사용하기 때문에 인간성 추구형처럼 마음이 따뜻하다. 이들은 강의식이나 암기식 학습보다는 자율적인 상황을 매우 좋아하며, 비지시적인 방법으로 창의적으로 문제를 해결하는 것을 선호한다. 무엇보다 자기표현의 과제를 선호하기 때문에 코치의 역할이 매우 중요하다. 규율과 규범에 얽매여 있는 관계를 극도로 싫어하기 때문에 문제 해결의 기준만 주되 세부적인 부분은 스스로 독창적으로 해결할 수 있도록 최대한 보장해주는 것이 중요하다.

공신공부법코칭,
6가지 기본 주제만 알면 된다

　　공부법을 연구하면서 '누구나 쉽게 바로 적용 가능
하게 만들 수 있다면 얼마나 좋을까?'라는 생각을 정말 많이 했다. 그
리고 1600여 명의 공신들과 이를 배우려는 학생들의 성격 유형을 분
석해 구분·분류한 뒤 올바르게 매칭한다면 가능하다는 결론을 내렸
다. 중앙일보에서 주관하는 '공부의 신, 공신캠프' 프로그램을 기획하
고 운영하면서 만난 학생들에게 이 방법으로 많은 도움을 주었다고
생각한다. 누구든지 원리와 기술을 알면 따라 하기 쉽다는 점을 거듭
밝히면서 공신공부법 공부원리를 소개한다.

　'이해 – 요약 – 암기-적용' 4단계 공부원리에 맞춰 학생의 현재 상태
를 분석하고 공부 기술을 연습한다. 연습할 때 코치의 도움이 필요하

다. 지식과 기술을 겸비한 코치가 단계별 교재 내용에 따라 1:1로 학생과 이야기를 나누듯이 가르친다. 교재 중심의 1:1 대화를 통해 학생은 스스로 자신에게 필요한 게 무엇인지 알 수 있을 뿐만 아니라, 자신의 공부습관 중 무엇이 잘못되었는지 알 수 있다. 올바른 코칭을 위해 필요한 주제는 다음과 같다.

코칭의 기본 주제 6가지

- 공신의 공부 도구: 에빙하우스 망각곡선을 활용한 4종류 노트를 통해 공부 기술을 익힌다.
- 공신의 태도와 기술: 공부 기술보다 공부 태도를 강조하고 이해를 시킨다.
- 공신의 공부 이유: 과목별 공부 이유를 설명하고 자신만의 공부 이유를 정립시킨다.
- 공신의 수험전략: 예습-수업-복습-시험의 원리를 설명하고 자신의 수험전략을 수정한다.
- 공신의 시험전략: 성공적인 시험을 치르기 위해 시험 전, 중, 후에 대한 전략을 세운다.
- 공신의 자기관리: 지속적인 학습동기를 위해 정신, 환경, 신체, 사회감정적인 면을 살핀다.

공신의 공부 도구

효과적인 이해와 암기가 목적이며, 에빙하우스 망각곡선 이론을 적용했다. 총 4종류의 노트이며, 이미 많은 학교와 기관에서 채택해 사용하고 있다.

학습효과를 보려면 익힘의 시간을 고정적으로 가지고 꾸준히 지켜야 하는데 문제는 효과적으로 익힘의 시간을 보내지 못한다는 데 있다. 익힘의 시간을 효과적으로 사용할 수 있도록 돕는 것이 바로 공부 도구다.

공신의 태도와 기술

공부 기술보다 공부 태도를 강조해 마음가짐에 집중한다. 공부 태도에는 인내, 끈기, 배우려는 의지, 모르는 것을 모른다고 말할 수 있는 정직함, 알면 알수록 내가 모르는 것이 많다는 겸손함 등이 해당된다. 이는 공부 도구를 사용하면 기를 수 있다.

태도는 나무의 뿌리다. 나무의 뿌리가 썩으면 나뭇가지가 자라지 못하고 결국 열매를 맺지 못한다. 올바른 태도를 기초로 공부 기술을 가르칠 때 성적이 향상된다.

공신의 공부 이유

자신만의 공부 이유를 분명하게 알도록 하는 것이 학습목표다. 영향력을 미치고 싶은 분야, 자신이 중요하게 여기는 삶의 가치, 자신을 표현하는 동사를 체크하도록 해 진로진학 목표를 구체화한다.

먼저 자신이 영향력을 미치고 싶은 분야 목록에서 관심 분야 3가지를 고른다.

영향력을 미치고 싶은 분야 목록

환경보호	정치문화	패션	여성 권리 신장
가정 문제	종교	미술	성 문제
교육정책	경제	출판	원예
심리	경영	음악	토목
인테리어	고위공무원	영화	잡지
노인	사회복지	디자인	신문
어린이	외식서비스	스포츠	게임, 완구 제작
가난한 사람	자동차	요식업	생물공학
집 없는 사람	전기, 전자	컴퓨터	의학
해외 개발	영업, 판매	광고	약학
에너지 개발	연예계	사진	방송
금융업	탈북민	건축	증권
사법제도	통신업	여행	수산업
이벤트업	관광사업	은행, 보험	축산업
빈곤퇴치	국방, 군대	부동산	이 · 미용
약물 남용자	우주개발	모델	동물보호
미혼모	동물보호	부동산개발	마술
안전	노사화합	농업	청소년

그 다음에는 삶의 가치 목록에서 자신이 살아가면서 가장 중요하게 여기는 가치 3가지를 고른다.

삶의 가치 목록

경제적인 여유	즐거운 생활
몸과 마음의 여유	종교를 통한 마음의 안정
사회봉사활동	진실한 우정
정의로운 사회	남들로부터의 존경과 인정
가족의 안전	물질적으로 풍요로운 삶
선택할 수 있는 자유	예절 바른 생활
풍부한 상상력과 창의성	책임감 있는 생활태도
꾸준히 이어가는 성실함	타인의 잘못을 이해할 수 있는 포용력
모든 사람이 공평한 기회를 갖는 것	고난을 이겨낼 수 있는 인내력
이성과의 완전한 사랑	솔직한 마음
지혜롭고 똑똑함	자신의 신념을 이어가는 용기
남에게 의존하지 않는 삶	남을 배려하는 마음
자극적이고 신나는 생활	옳고 그름을 구별하는 능력
활동적이고 의욕적인 생활	예술적 가치를 누리는 삶
평화로운 세상	부모님의 재산
자기 일에 대한 보람	친구의 성공
자연을 사랑하는 마음	자기 능력의 발휘
애국심	도덕(윤리)

그 다음에는 동사 목록에서 자신을 표현하는 동사 3가지를 고른다.

동사 목록

가르치다	갱신하다	고양시키다	놀다
감독하다	거래하다	고취하다	대접하다
감동시키다	견디다	공명하다	동기화시키다
감상하다	결정하다	공유하다	만들다
감소시키다	결합시키다	관대하다	만족하다
강제시키다	경감시키다	구축하다	만지다
강화시키다	경쟁하다	기획하다	말하다
갖다	계몽하다	기억하다	명령하다

개선하다	고려하다	깨닫다	명시하다
개정하다	고안하다	꿈꾸다	모으다
모험하다	상담하다	연결하다	저축하다
모형을 만들다	상승하다	연락하다	전진하다
묵상하다	생각하다	연습하다	점화하다
믿다	생산하다	연합시키다	정제하다
반영하다	생성하다	열다	제공하다
받다	선발하다	열중하다	제시하다
발견하다	선택하다	영양을 공급하다	조달하다
발전시키다	설득하다	영향을 미치다	저장하다
방어하다	성취하다	완수하다	조직하다
번역하다	세우다	요구하다	존경하다
보여주다	소유하다	용서하다	존중하다

이제 자신이 고른 총 9가지의 단어를 취사선택해 아래 내용을 작성해보자.

내가 공부하는 이유는 ＿＿＿＿＿＿＿＿ 분야에서 ＿＿＿＿＿＿＿＿

가치를 실현하고 ＿＿＿＿＿＿＿하기 위함이다.

다음은 한 학생이 작성한 공부이유다.

나는 집 없는 사람, 가난한 사람 등 모든 사람이 공평한 기회를 가질 수 있도록 사회복지 분야에서 영향력을 미치는 사람이다.

이를 그림으로 표현할 수
도 있다. 자신의 정체성을
'밤길 가로등'으로 표현한
학생에게 이것이 꿈이라는
사실을 알려준다. 그 뒤 직
업과 관련 대학, 학과를 전
략적으로 선택하는 것이 이

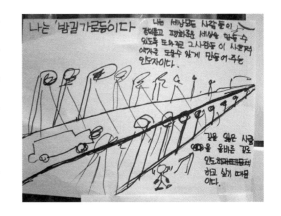

단원의 핵심이다. 이후 진로진학카드를 작성해 입시를 전략적으로
관리하면 된다.

진로진학카드

구분	개인 특성	유형	관심 직업	관련 학과
자기 이해	성격			
	흥미			
	강점			
	직업 가치관			
	관심 직업 및 학과 교집합			
	관련 전공	1순위	2순위	3순위
Who	나는 누구인가?	(모든 항목을 작성한 뒤 최종 작성합니다.)		
진학 설계	구분	고등학교	대학교	전공

내신 성적 분석	학년	국어	수학	영어	사회	과학	국수영 사과 평균	전 교과 평균
	1학년							
	2학년							
	3학년							
	평균							

모의고사 성적 분석	모의고사 시험 날짜	국어	수학	영어	탐구1	탐구2	한국사	전체 총점
	평균							

입시설계	목표 대학 및 학과	지원유형	합격선
	목표 대학 합격을 위해 해야 할 일		
	필요한 정보		

공신의 수험전략

공신을 만드는 수험전략은 이해, 요약, 암기, 적용의 공부원리 4단계에서 출발한다. 공신공부법코칭은 공부원리를 이해한 코치가 학생의 학습 상태를 면밀히 분석해 적기 지도하는 것을 뜻한다. 공부원리를 이해하지 못한 코치가 학생을 가르친다는 것은 나침반 없는 배에서 선장 노릇을 하는 것과 똑같다.

1단계: 이해 🖊️

　이해란 사리를 분별해 해석한다는 뜻이다. 코칭 전 학생들의 학습 종합검사 결과지를 분석할 때 '이해력' 항목을 유심히 살펴본다. 이해력이 낮은 학생들은 기본적인 어휘력과 문맥의 논리가 약하기 때문에 글의 핵심을 놓치는 경우가 많다. 이는 글을 읽는 방법이 잘못되었다는 뜻이다. 글을 읽는 방법이 잘못되면, 예습과 복습이 쉽지 않고, 수업 역시 따라가기 어렵다. 고등학생임에도 불구하고 읽기가 안 되어서 고생하는 친구들이 허다하다. 그래서 고등학교 입학 전 글을 읽는 방법을 잘 배우는 것이 중요하다. 글을 읽는 방법을 잘 배우면 이해력이 높아질 뿐만 아니라 학습 의지도 능동적으로 바뀌게 된다.

2단계: 요약 🖊️

　요약이란 말이나 글의 요점을 잡아서 간추리는 행위다. 만약 학생이 열심히 공부했는데 성적이 오르지 않는다거나, 책을 읽었는데 내용을 이해하지 못했다고 이야기한다면 핵심 주제를 찾는 기술이 부족한 것이다. 요약은 읽은 내용이나 들은 내용 중에서 가장 중요하고 중심이 되는 내용을 찾는 기술이다. 요약 기술은 이해력 증진에 도움이 될 뿐만 아니라, 기억의 실마리가 되어 암기를 쉽게 해주기도 한다. 책을 올바르게 읽고 수업을 제대로 들어야 요약도 수월하다.

3단계: 암기 🖍

암기란 외워서 잊지 않는 것을 말한다. 수업시간에 이해한 것을 요약하고 외우는 것이 암기다. 이해하지 않고 외우는 것은 독학이다. 완벽히 암기했다면, 언제든지 학습한 내용을 필요에 따라 출력할 수 있다. 따라서 암기를 하기 전 완벽한 이해 여부를 먼저 확인해볼 것을 권한다.

4단계: 적용 🖍

적용은 알맞게 이용하거나 맞추어 쓰는 것을 말한다. 어떤 문제가 주어졌을 때 해결하기 위해서는 알맞게 쓸 개념이 무엇인지 구분할 수 있어야 적용이 가능하다. 수업시간에 배웠던 개념을 구조화해 머릿속에 저장해두고, 언제든지 출력할 수 있는 상태로 준비해야 된다. 적용을 잘하려면 주기적으로 지식을 구조화하고 평가해 말이나 글로 표현하는 연습을 하는 것이 좋다. 그래야 성공적인 시험을 치를 수 있다.

공신의 시험전략

시험이란 자신의 재능이나 실력을 일정한 절차에 따라 평가하는 행위를 말한다. 시험이 존재하지 않으면 자신의 실력을 가늠해보기 어렵기 때문에 성장에 한계가 있다. 무엇보다 시험이 자신의 존재를 평가하는 것이 아니라 지속적으로 자신이 발전하고 있는지, 아니면 못하고 있는지를 측정하는 도구라는 인식을 가질 수 있도록 학생들을 코칭하는 것이 관건이다. 그래야 스스로 문제도 만들어보고 풀어보는 흉내라도 낸다. 대부분 시험에 대한 왜곡된 생각 때문에 공부를 못 한다고 생각한다. 사실은 제대로 시험 준비를 하지 않았으면서 말이다.

공신의 자기관리

지속적인 학습동기 부여와 공부습관 형성을 위해 정신적 · 사회감정적 · 환경적 관점에서 관리하는 것을 말한다. 운전 중 자동차에 연료가 떨어지면 이동할 수 없듯이, 평소 연료를 체크하고 타이어를 관리하듯 3가지 관점에서 효과적으로 관리하는 방법을 제시한다.

Chapter 3

코칭대화 모델로
최적의 공부법 찾기

공신공부법코칭에도 교육철학이 있다

공신공부법의 지도철학은 코칭철학과 깊은 연관성을 가지고 있다. 많은 학원 관계자들, 학교 교사들, 학부모들을 교육하다 보면 안타깝게도 자신만의 교육철학이 확고히 정립되어 있지 않다는 것을 알 수 있다. 교육철학이 정립되어 있다는 것은 교육의 이정표가 있고, 학생들에게 하는 말 한마디 한마디에 의미가 있다는 뜻이다. 교육철학이 있어야 일관성 있고 지속적인 지도를 할 수 있다. 공신공부법코칭에는 다음의 3가지 철학이 있다.

첫째, 모든 학생들에겐 잠재 능력이 있다.

잠재 능력이란 평소에는 잘 드러나지 않으나 어떤 상황에서 나타나는 능력을 말한다. 모든 학생들은 자신만의 재능과 능력을 가지고 있는데, 이것을 스스로 발견하기란 쉽지 않다. 특히 학습과정에서 자신에게 어떤 잠재 능력이 있는지 스스로 알기란 어렵다. 그래서 지도자가 먼저 알아차리고 이를 학생이 느낄 수 있도록 대화하는 것이 매우 중요하다. 이를 위해 코치는 모든 학생들에겐 잠재 능력이 있다고 믿고 학생을 있는 그대로 바라볼 필요가 있다.

둘째, 모든 학생들은 해답을 가지고 있다.

사실 이 철학에 대해선 많은 논란이 있다. 특히 학습지도를 할 때, 문제를 풀 줄 모르는 학생들은 바로 티칭으로 도와야지 계속 질문하고 답을 기다린다고 해결이 되냐는 말을 하는 사람들도 있다. 그러나 이것을 기억하면 도움이 된다. 세상에서 가장 나쁜 선생님은 학생들이 궁금해 할 때 바로 답을 주는 선생님이라는 사실 말이다.

대답을 듣기 전에 먼저 답을 알려주는 것은 학생이 충분히 생각해 볼 수 있는 기회를 빼앗는 것과 같다. 실제로 학생들을 지도하다 보면, 생각을 골똘히 하다 갑자기 "아, 알았어요"라고 하는 학생들이 있다. 그런 깨달음이 있을 때까지 코치는 기다려주는 것이 필요하다. 그리고 학생이 질문을 하면, 바로 역질문을 던져 학생 스스로 어떻게 생각하고 있는지 들어보는 것이 중요하다. 왜냐하면 모든 학생들은 해답을 가지고 있기 때문이다.

셋째, 해답을 찾기 위해선 파트너가 필요하다. ✎

혼자서 공부할 때, 자신이 무엇을 이해하고 이해하지 못하는지 구분하기란 쉽지 않다. 구분 능력이 생겨나려면 먼저 기억하는 것과 기억나지 않는 것을 구분한 다음, 이해한 것과 이해하지 못한 것을 체크해보는 연습이 어느 정도 되어 있어야 무엇이 중요하고 중요하지 않은지 구분할 수 있게 된다.

그런데 많은 학생들은 이런 절차를 알지 못한다. 알지 못하기 때문에 혼자 공부한다고 하면서, 문제집을 풀거나 교과서의 익힘 문제를 푸는 정도에서 머문다. 그러나 그렇게 하면 안 된다는 것을 가르쳐야 한다. 코치라는 파트너를 통해 절차를 배우고 익혀 혼자 공부할 수 있을 때까지 연습하는 것이 필요하다. 그래서 해답을 찾기 위해선 파트너가 필요하다는 것이다.

태도, 기술, 성적 추이를 진단하고 코칭대화 모델을 활용하라

공신공부법을 코칭할 때 우선 생각할 것이 있다. 그것은 바로 태도와 기술이라는 2가지 관점을 코치가 가지고 학생을 지도하는 것이다. 일단 학생들을 만날 때, 코치가 생각해야 할 것은 학생의 학습 태도와 학습 기술을 10점 만점으로 놓고 현재 상태를 점검하는 것이다.

태도 면에서 주안점을 둘 것은 어느 정도 공부 의지가 있는지 확인하는 것인데, 크게 이해 의지와 암기 의지를 확인하면 된다. 확인 방법은 10점 만점을 기준으로 할 때 현재 공부하려는 의지가 얼마나 되는지 직접적으로 물어보면 된다. 그런 다음 실제로 교과서를 펼친 뒤, 하나의 개념을 잡고 물어본 다음 대답을 잘 하는지 못 하는지를 들어보면 된다. 듣고 있는 코치 입장에서 우선과제는 학습 내용을 완벽하게 이해한 상태에서 설명하는 것인지 아니면 글자만 보고 그대로 읊는 것인지 얼굴 표정을 보고 관찰해야 한다는 점이다. 기술 면에서 중요한 것은 그동안의 성적표를 보고 유지인지, 하락인지, 상승인지를 꼭 확인해야만 진단을 제대로 할 수 있다는 점이다. 즉 태도, 기술, 성적 추이라는 3가지 기준으로 공신공부법을 적시에 알려주고 공부하는 데 걸림돌이 무엇인지 파악해야만 학생을 제대로 진단할 수 있다.

학습 태도는 GROW 코칭대화 모델에 맞게 지도한다. 주로 자기관리 영역에 해당되는 것으로, 정신관리, 환경관리, 시간관리, 학습관리, 신체관리 등이 여기에 속한다. 반면 교과서나 문제집을 가지고 코칭할 때는 WHY 코칭대화 모델을 가지고 지도한다. WHY 코칭대화 모델은 집중력, 이해력, 암기력, 요약의 기술, 시험의 기술과 같은 공부 기술에 초점을 맞춰 사용하면 좋다.

GROW 코칭대화 모델

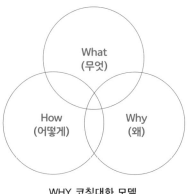

WHY 코칭대화 모델

대화 모델이 있다는 것은 누구나 접근이 쉽고, 대화의 흐름을 어떻게 가지고 가야 할지 방향을 잡아준다는 뜻이다. 이것이 기존 학습 컨설팅이나 학습 상담과 차별화되는 이유다.

자기관리 코칭대화 모델 GROW

자기관리 코칭대화 모델 1단계: Goal(기대 목표)

보통 학생들은 자기가 원하는 이상적인 모습이 있다. 성적이 올랐으면 좋겠다든지, 시간관리를 잘하고 싶다든지 등을 이야기하는 경우가 많은데, 공신공부법코칭을 할 때 중요한 것은 기대 목표를 아주 구체적으로 만드는 것이다. 기대 목표를 구체화하지 않으면, 현실 파악도 어려울 뿐만 아니라 학생이 원하는 진짜 욕구가 무엇인지 놓치게된다. 기대 목표를 구체화시키다 보면 학생의 욕구가 보이게 되는데, 그럴 때 이 기대 목표를 한 문장으로 표현하게 하는 것이 좋다. 주로이 단계에서 주로 사용되는 질문은 다음과 같다.

- 네가 바라는 이상적인 모습은 어떤 모습이니?

- 지금 가장 원하는 상태는 무엇이니?

- 도움받고 싶은 주제는 무엇이니?

- 궁극적으로 어떻게 되기를 원하니?

- 그런 것을 추구하는 너는 어떤 사람이니?

- 그것을 좀 더 구체적으로 말해주겠니?

- 무엇이 그 상태를 원하게 만들었니?

- 그 상태가 되면 궁극적으로 네가 얻을 수 있는 것은 무엇이니?

위 질문의 목적은 기대 목표를 명확히 해 학생 내면에 숨겨진 욕구를 파악하기 위함이다. 기대가 명확하면 할수록 욕구는 드러나게 되어 있고, 이를 통해 학생은 자신을 보다 잘 이해하게 된다. 자신을 이해하는 것은 자신의 감정, 생각, 욕구를 알아차리는 것이다. 모든 목표 뒤에는 욕구가 있다는 것을 기억하고 있으면 도움이 된다.

자기관리 코칭대화 모델 2단계: Reality(현실 파악)

자기관리 코칭대화 모델의 2단계는 현실 파악이다. 기대 목표가 있다면 당연히 학생의 현실을 파악해야 한다. 성적 향상의 걸림돌이 무엇인지, 내·외부 환경을 면밀히 분석할 필요가 있다. 현실을 파악하는 질문을 하다 보면, 학생들은 자신이 목표를 위해 이미 시도해본 것과 시도해보지 않은 것을 알게 된다. 또한 질문을 받으면서 학생들은 장애요소를 다양한 관점에서 발견하게 된다. 의지, 태도, 학원, 시간관리, 친구관계, 열등감, 자존감 등이다.

이런 내·외부 장애요소가 나오면 보통 상담을 하는 사람들은 메시지를 주어 해결하도록 권면하는데, 그런 권면이 학생들에게 맞지 않은 경우가 참 많다. 학생이 먼저 장애요소를 다양하게 발견했다는 점이 중요하다. 그 상황에서 필요한 것은 그 문제에 대해 학생이 스스로 어떻게 인식하고 있는지 관찰하고 분별하는 것이다. 보통 학생들이 말하면서 새롭게 깨달은 것들이 있으면 미소를 짓거나 심각한 표정을 짓는데, 코치는 이런 표정을 절대 놓치면 안 된다. 그런 표정이 결국 문제를 풀 수 있는 단초가 될 수 있기 때문이다. 현실 파악을 위한 질문들은 다음과 같다.

- 이미 시도해본 것에는 어떤 것이 있니?
- 그 결과는 어땠니?
- 현재 걸림돌은 어떤 것들이 있니?
- 그중에서 가장 문제가 되는 것 한 가지는 무엇이지?
- 그런 문제를 바라보는 현재 감정은 어떻니?

- 가장 안 되는 이유가 뭐라고 생각하니?

- 그 정도를 1부터 10이라면 몇 점을 매길 수 있니?

위 질문의 목적은 현실을 제대로 파악해 장애요소가 무엇인지 확인하는 데 있다. 현실 파악이 제대로 안 되면 자신이 할 수 있는 것조차 알지 못하게 된다. 사신이 할 수 있는 것이 무엇인지 구분하는 것이 주도성의 첫걸음이기 때문에 이 부분을 정서, 환경, 지식의 관점에서 살펴볼 것을 권한다.

자기관리 코칭대화 모델 3단계: Option(방법)

자기관리 코칭대화 모델의 3단계는 방법을 찾는 질문을 하는 것이다. 기대 목표와 현실 사이엔 갭(Gap)이 존재한다. 이 갭을 얼마만큼 줄이느냐에 따라 기대 목표가 이루어질 수도 있고, 이루어지지 않을 수도 있다. 중요한 것은 이 갭을 줄이려는 학생의 노력과 의지다. 현실 파악을 위한 질문을 하는 동안 학생은 자신의 상태를 점검하게 되고, 점검을 360도로 하게 되면서 자각이 일어난다. 그런데 이 자각이 행동으로 이어지려면 질문이 필요하다. 이는 방법을 찾는 질문으로 가능한데 다음과 같은 종류가 있다.

- 현재 상태가 어떻게 되기를 바라니?

- 지금 목표를 이루는 데 필요한 3단계는 무엇이니?

- 걸림돌을 제거하기 위한 방법 3가지가 무엇이니?

- 좋은 방법 3가지 중 우선순위를 매겨볼래?

- 지금 상태에서 할 수 있는 것 3가지에는 무엇이 있니?

- 걸림돌을 제거하기 위해 누구의 도움이 필요하니?

- 욕구를 만족시키되 바꿀 수 있는 행동엔 무엇이 있니?

위 질문의 목적은 대안을 세우도록 돕기 위함이다. 지금 상태에서 당장 할 수 있는 것과 그중 우선순위를 재정립하는 과정에서 학생들은 자신감을 갖게 된다.

이때 코치가 해야 할 것은 지지와 격려다. 예를 들어 '하지 못하는 이유 10가지만 말해보라' '할 수 있는 것 10가지를 같이 찾아보자' 같은 권면이 큰 힘이 된다. 학생들은 문제를 해결해 나가는 과정에 코치가 있다는 것만으로도 많은 힘을 얻는다.

그렇다고 해서 코치를 절대 의존하게 만들라는 뜻은 아니다. 스스로 생각하고 책임질 수 있도록 코치가 관찰·식별하면서 질문의 의도를 분명하게 해주고 속도를 조절하는 것이 중요하다.

자기관리 코칭대화 모델 4단계: Will(실행 의지)

자기관리 코칭대화 모델 중 실행 의지는 마지막 단계다. 실행 의지를 확인하고, 의지를 다지는 것은 밥 짓기 과정에서 뜸을 들여 완성도를 높이는 것과 같기에 실행 의지를 다지지 않으면 생각으로만 끝난다. 따라서 실행 의지와 관련된 질문을 하고 학생의 반응을 살피는 것이 좋다. 질문은 다음과 같다.

- 오늘 나왔던 이야기를 한번 정리해서 말해볼래?
- 오늘부터 1주일의 시간이 주어진다면 무엇을 먼저 해볼래?
- 행동으로 옮겼다는 것을 어떻게 알 수 있을까?
- 이후 새롭게 생각나는 아이디어가 있니?
- 혹시 생각나는 새로운 장애요소가 있니?
- 실천하는 데 도움받고 싶은 부분이 있니?
- 오늘 대화하면서 깨달았거나 새롭게 알게 된 사실은 무엇이니?

실행 의지 질문의 목적은 동기가 행동으로 옮겨지도록 하는 데 있다. 그러기 위해선 새롭게 알게 된 사실이나 깨달음이 무엇인지 확인하고 실천으로 옮길 수 있도록 이번 주에 무엇을 해볼 것인지 물어보아야 한다. 그리고 그 결과를 공유하기 위한 과정을 함께 논의하는 것이 바람직하다. 설령 학생이 코칭받는 자리에서 당장 답변을 하지 않는다고 해서 크게 걱정할 것은 없다. 답변하지 않는 것이 계속 마음속에 남아 있는 것 자체가 학생을 있는 그대로 보지 못하는 것이다.

지식관리 코칭대화 모델 WHY

지식관리 코칭대화 모델은 주로 교과서, 문제집, 과목별 공부법을 지도할 때 많이 사용된다. 이 코칭대화 모델의 핵심은 바로 WHY인데, 사실 상담에서 웬만하면 사용하지 말라는 '왜'라는 의문사를 가지고 만든 것이다. 자기관리와 다르게 지식관리에서 중요한 것은 학생 스스로 빠르고 정확하게 핵심 내용을 파악하되, 자신만의 논리와 근거가 명확해야 자각이 일어난다는 점이다. 논리와 근거가 명확하지 않은 지식은 결코 자기 것이 될 수 없을 뿐만 아니라, 모래 위에 집을 짓는 것과 같다.

보통 학교와 학원에서 선생님이 학생들을 지도하는 것을 관찰해보면, 문제풀이 과정을 설명해주고, 학생에게 직접 풀어보라고 한다. 그리고 채점을 한다. 채점을 하면서 틀린 부분을 봐주고 다시 풀이과정을 설명해준다. 풀이과정 설명을 들으면서 학생은 알겠다고 답변한다. 교사는 문제가 해결되었다고 판단하고 다음 문제로 넘어간다. 이것은 정말 잘못된 교수 방식이다. 선생님이 문제를 풀어준 꼴밖에 되지 않는다. 담당 선생님의 결과이지 학생의 것이 아니라는 뜻이다. 그러나 학생에게 '문제를 어떻게 인식하고 있니?'라고 묻고 '어떤 방식으로 풀거니?' '왜 그렇지?' 같은 질문을 한다면 가르치는 포인트가 달라지고, 공부 방법이 달라진다. 무엇보다 WHY 코칭대화 모델이 있기 때문에 따라 하기에 그리 어렵지 않을 것이다.

지식관리 코칭대화 모델 1단계: What(문제인식)

지식관리 코칭대화 모델 1단계는 문제인식이다.

학생들은 교과서, 문제집, 프린트물을 가지고 공부를 한다. 고등학생들의 경우 수학은 《수학의 정석》을 가지고 푼다. 《수학의 정석》은 개념 설명, 문제풀이, 적용문제 순으로 주로 이루어져 있다. 보통은 개념을 읽고 이해하거나 문제를 풀면서 모르는 것은 과외 선생님이나 학원 선생님에게 질문을 하는데, 문제풀이 때 코칭대화 모델을 사용하면 학생은 스스로 문제에 집중하게 된다. 그리고 궁금 거리에 집중한다. 학생들은 자신이 이해한 것과 이해하지 못한 것을 구분하는 능력이 부족하기 때문에 문제인식 관련 질문을 받으면 자신이 어떤 문제를 풀려고 하는지 재인식하게 된다. 예를 들어 "선생님, 함수에서 절편 값을 구하는 법을 모르겠어요"라고 했다고 치자. 그럼 공신공부법 코치는 이렇게 질문할 수 있다. "이 문제에서 무엇을 해결하라고 하는 거니?"라는 질문을 받으면 학생은 생각을 하게 된다. 또한 이차방정식의 근을 구하는 문제가 있다고 가정해보자. 그럼 보통은 근의 공식을 구하는 문제라고 인식하는데, 여기서 코치라면 근의 공식이 정확히 무엇인지 다시 물어야 된다. 개념을 명확히 이해하고 있는지 살펴보는 것이 문제인식 단계에서 필요하다. 아래는 문제인식 단계에서 필요한 질문들이다.

- 이 문제는 무엇을 해결하라고 하는 거니?
- A와 B는 무슨 차이가 있니?
- 이 문제가 요구하는 것은 무엇이니?
- 이 문제는 단원 어디에 해당되니?
- 이 문제의 문제는 무엇이니?
- 이 문제에서 이해되지 않는 개념은 무엇이니?

위 질문들의 목적은 문제를 파악하는 데 있다. 문제가 요구하는 것을 정확히 인식하고 필요한 개념들이 머리에 떠올라야 문제 해결이 가능하다. 그런데 해결에만 집중하고 문제가 무엇을 요구하는지조차 파악이 안 되는 학생들이 부지기수다. 따라서 문제인식 코칭 질문을 먼저 한 뒤, 해결에 집중할 수 있도록 하는 것이 공신공부법 코치의 역할이라는 점을 기억하자.

지식관리 코칭대화 모델 2단계: How(해결 관점)

지식관리 코칭대화 모델의 2단계는 '어떻게'다. 어떻게 해결할 것인가에 대한 관점을 갖게 하는 것이 궁극적인 목적이다. 문제인식을 한 다음 이것을 어떻게 풀 것인가에 대한 고민 없이 문제에 접근하는 학생들이 있는데, 이는 잘못된 공부습관이다. 실례로 이차함수의 근을 구하는 문제를 가지고 코칭을 했던 고등학생이 있었다. "이차함수의 근을 구하는 문제는 어떻게 풀어야 되니?"라고 묻자, 학생은 "이거 그냥 근의 공식에 대입해서 풀면 돼요"라고 답변했다. 그래서 다시 "이 문제를 풀기 위해 반드시 알아야 될 개념은 무엇이니?"라고 질문했다. 그러자 그 학생은 근의 공식이라고 했다. 그래서 집요하게 다시 질문했다. "그럼 근의 공식 증명은 어떻게 하는 거야?" 그러자 학생은 머뭇거리면서 아무런 대답을 못 했다.

'어떻게 해결할 것인가?'에 대한 생각을 들어보는 것이 2단계의 핵심이다. 이것이 곧 문제 해결 중심적 사고를 배양하게 만드는데, 사실 교과서 하나만 가지고도 지도할 수 있는 방법이다. 아주 상식적이면서도 쉬운 것 같지만 이 부분을 간과하는 학생이 의외로 매우 많다. 문제가 주어지면 결국 어떻게 해결할 것인지, 그리고 해결할 소스인 개념이 어떤 것이고 명확히 알고 있는지 등에 집중토록 하는 것이 생각하는 공부를 하게 만드는 것이다. 아래는 해결 관점을 가지도록 돕는 질문들이다.

- 이 문제를 해결하기 위해 반드시 알아야 할 개념은 무엇이니?
- 어떤 방식으로 문제를 푸는 것이 좋을까?
- 이 공식은 어떻게 증명이 되니?
- 이 문제를 풀기 위해 필요한 개념은 무엇이니?
- 풀이과정은 어떻게 돼?

위 질문의 목적은 결국 문제 해결 관점을 갖고 자각하도록 하는 데 있다. 위 질문만 차근차근 학생에게 해보면 학생들은 자신이 문제를 풀 준비가 안 되었다는 것을 알게 된다. 따라서 코치는 문제 푸는 것이 중요한 것이 아니라, 문제를 풀기 위한 개념을 명확히 이해하고 응용할 수 있는 능력을 키우는 것이 중요하다는 것을 알고 지도해야 된다. 개념이 명확하지 않으면 '이유와 근거'도 설명할 수 없기 때문에 다시 기초가 필요하다는 생각을 갖게 된다.

지식관리 코칭대화 모델 3단계: Why(이유- 논리)

지식관리 코칭대화 모델의 3단계 중 '이유'는 매우 중요하다. 문제 인식 후 해결 관점을 가졌다면, 그 해결 방안을 갖게 된 이유를 논리적으로 설명할 수 있어야 완전 학습이 되기 때문이다.

실제로 부산에서 만났던 덕진이라는 학생이 그랬다. 똑같이 이차함수의 근을 구하는 문제에서 어떻게 풀어야 되는지 물었더니, 마찬가지로 근의 공식이라고 답변했다. 그래서 왜 근의 공식으로 풀어야 되는지 물었더니, "그냥이요"라고 답했다. 해결 관점을 가졌으면 반드시 왜 그런 방법이 필요한지 학생 스스로 대답하도록 훈련시키는 것이 좋다. 여러 문제를 다양하게 풀어보는 것도 좋지만, 하나를 풀더라도 깊이 생각하고 대안을 세우는 작은 연습이 결국 완전 학습을 하는 데 도움이 된다. 다음은 이유와 근거를 찾는 질문이다.

- 이유는 뭐지?
- 무엇이 그런 생각을 하게 만들었지?

- 풀이과정을 설명해줄래?

- 이렇게 접근한 이유는 뭐야?

- 이 개념이 적용된 이유는 뭐지?

- 안 풀리는 이유는 뭐니?

위 질문의 목적은 결국 이유와 근거를 찾기 위함이다. 코칭 질문을 하다 보면 다시 HOW나 WHAT으로 되돌아가는데, 문제가 될 것은 없다. 질문의 사이클을 충분히 돌려서라도 학생이 문제인식과 해결 방법, 근거와 이유를 찾는 게 핵심이다. 따라서 '3단계 질문만 하면 되는구나'라고 생각하지 말고, 각 질문의 목적에 맞게 '질문의 목적'을 분명히 하고 연습할 것을 조언하고 싶다.

Chapter 4

공신공부법코칭으로
성적이 오르다

모의고사 4등급에서 1등급으로, 고2 김동헌

_ 메타인지 학습

       자사고를 다니다가 1학년 말에 일반 고등학교로 전학을 온 동헌이는 인상에 많이 남는 학생이다. 부모님의 바람은 아들이 워낙 공부를 하지 않으니 제발 앉아서 공부하는 모습만 봤으면 좋겠다는 것이었다. 동헌이는 학원도 다니고 과외도 받았으나 제대로 수강하지 않았다. 학원에서 등원하라고 전화가 오는 경우도 허다했다. 아무래도 서로 목표로 삼았던 공신공부법 전수가 어렵다고 판단해 부모님께 학원을 그만둘 것을 권했다. 어머님께서 당황하셨다. "그럼 동헌이가 궁금해하는 것들은 누구에게 물어보나요?"라고 말씀하시기에 "질문노트를 활용해 학교 선생님께 궁금증을 해결하고 오도록 할 것입니다"라고 했다. 그러면서 재차 학원을 그만두게 할 것을 권했다. 다만 수학은 부족한 부분을 빠르게 보충해야 해서 주말 과외를 제안했다.

동헌이의 취약점은 낮은 수학 성적이었다. 모의고사 성적표를 분석해보니 추론 부분이 매우 취약했다. 외국어 영역에서도 추론문제가 골치였다. 추론문제가 어렵다는 것은 개념 정립이 안 되고 적용이 안 된다는 뜻이다. 그래서 수학 함수 단원 중 절편이 무엇이냐고 물어보았다. 또한 함수와 방정식의 차이가 무엇인지 물었다. 동헌이는 어떤 설명도 하지 못했다. 계산과 이해 관련 문제는 쉽게 풀었지만 개념과 개념을 엮은 심화문제는 좀처럼 풀지 못했다.

우선 문제를 정확히 파악하는지 살펴보았다. 동헌이가 수학문제를 풀다가 질문의 뜻을 모르겠다며 투덜거렸다. 그래서 주어진 문제를 다시 천천히 읽어보라고 했다. 그랬더니 '읽었어요'라고 하기에 다시 한 번 읽어보라고 했다. 그랬더니 '알겠어요'라고 한 뒤 다시 문제를 풀기 시작했고, 결국 풀어냈다. 그래서 다시 질문했다. "아까는 모른다고 했지?" 동헌이가 '네'라고 하기에 "어떻게 해서 풀었지?"라고 묻자 동헌이는 곰곰이 생각을 하곤 "생각을 하니까… 풀었어요"라고 했다. 순간 전율이 느껴졌다. 맞다. 생각하는 공부를 그동안 하지 않았던 것이다.

공부를 하면서 자신이 이해한 것과 이해하지 못한 것조차 구분이 안 되는데 무슨 공부를 한단 말인가? 방과후 동헌이가 했어야 했던 것은 문제를 푸는 것이 아니라 개념을 이해하고 익히는 데 최소 50% 이상 에너지를 쓰는 것이었다. 그래서 이해노트를 만들게 해 교과서를 차근차근 읽어보면서 이해되지 않는 부분은 질문을 만들어 리스트업하도록 했다. 1주일 뒤 만났을 때 다행히 동헌이가 만든 질문 개수는 50개가 넘었고, 이 중 90% 이상 학교 과목 담당 선생님을 통해 답을 얻도록 했다. 21일간 반복시켰다. 개념을 부조건 외우는 것이 아니라 이해 중심으로 무엇이 중요하고 무엇이 중요하지 않은지 구분하도록 보는 눈을 키우라고 조언했다.

한 달이 거의 끝나갈 무렵 동헌이는 수학 교과서의 개념을 외우는 것이 아니라 이해하려는 의지로 하나둘씩 공식 도출원리를 설명할 수 있게 되었다. 말로 설명하게 되니 그다음부터는 문제가 나올 때 어떻게 접근해야 하는지 보는 관점이 늘어갔다. 그렇게 5개월을 반복했더니 2학년 1학기 6월 모의고사에서 수리 영역 2등급이 나왔다.

공신공부법 중 메타인지 기법으로 3개월 코칭을 하고 난 뒤 나머지 과탐, 언어 역시 같은 방법인 '개념 확인-요약정리-적용하기' 순으로 반복을 시키니 모든 과목에서 성적이 올랐다. 이후엔 플래너를 활용한 시간관리와 동기관리를 해주었다.

수시와 정시 중 어떤 전형에 몰입할지 고민하다 점차 내신보다 모의고사 성적이 월등히 나아지기에 정시 준비를 제안했다. 3학년 1학기 9월 모의고사에서 언어 2등급, 수리 1등급, 외국어 1등급, 과탐 1등급이 나왔다. 그리고 한양대 정시에 지원해 생명공학과에 합격했다. 역전에 역전을 거듭한 사례였다. '무엇이 동헌이를 입시 성공으로 이끌었을까?'라는 고민을 해보았다. 그것은 동헌이 스스로가 메타인지 능력을 키우려고 했고, 무엇보다 꾸준히 코치와 함께 호흡하며 동기를 관리했기에 가능했다는 생각이 들었다.

내신 4등급에서 2등급으로, 고2 최공의

_ 동기부여

일반 고등학교 2학년이던 공의는 공부를 하지 않는 학생이었다. 3개월 동안 코칭을 하면서 만났던 공의는 현실과 이상이 다른 학생이었다. 미디어커뮤니케이션에 관심이 많았는데, 공부는 안 하고 부모님께 미디어 영상을 제작하고 싶으니 장비를 사달라며 조르고 있었다. 게임은 기본이었고, 주말엔 바이올린이나 플루트를 연주하곤 했다. 어찌 보면 참 자연스러운 고등학생의 이상적인 모습이었다.

문제는 내신이었다. 당시 공의의 수준으로는 수도권 대학을 가기 어려웠다. 안 되겠다 싶어 학습종합검사를 실시한 뒤 공의의 성향을 먼저 파악했다. 의미 추구형이었다. 공부를 하는 이유를 명확히 하는 것이 필요하다 싶어 공부법코칭을 하면서 공부의 이유와 태도, 기술에 대한 대화를 심도 있게 나누었다. 미디어커뮤니케이션 관련 종사자와 만나 대화도 했다. 공부를 하면서 우리나라 교육문제에 대한 비판도 스스럼없이 하는 모습을 보면서 대견하기도 했지만, 한편으론 현실성이 부족한 학생으로 보였다. 그러나 다행스럽게도 과제 내준 것들은 곧잘 해오기에 한 가닥 희망을 가졌다. 국어, 영어, 수학 등 과목별 현재 공부 상태를 점검한 뒤 플래너를 통해 시간관리를 중심으로 피드백을 했다. 스스로 공부할 수 있도록 동기부여하기 위해 파트너 학습법으로 자신이 이해한 것을 설명하도록 반복시켰다. 반복을 하면서 자신이 이해한 것과 이해하지 못한 것을 구분하는 능력을 갖게 되었고, 결국 고등학교 3학년 졸업 시 내신 2등급으로 학생부종합전형에 지원해 광운대 미디어커뮤니케이션 학부에 합격했다. 다음은 최공의 학생의 소감문 일부다.

국어의 경우 반복 학습을 통해 문법과 어휘를 숙달했고, 스스로 짠 스케줄대로 공부함에 따라 성취욕과 열정, 재미를 느끼게 되었다. 지문들이 길수록 더욱 많은 이야기에 나는 관심을 갖고 접근할 수 있었다.

수학의 경우 원리 학습과 메타인지를 통해, 개념들을 확실히 이해하고 넘어갈 수 있었다. 수학에 있어서 개념의 정의는 매우 중요하다. 왜냐하면 수학을 공부할 때 문제의 유형을 모두 암기하는 경우에는 문제가 조금 변형되기만 해도 헤매게 되지만, 나는 개념과 원리에서 시작해 스스로 과정을 이해하고 응용하는 법을 배웠기에, 어떤 문제라도 올바르게 접근할 수 있었다. 물론 헤매는 과정도 필요하다. 그것이 자신의 취약점과 강점을 확인하는 길이기도 하기 때문이다.

영어 과목은 99%가 문법과 단어라고 할 수 있다. 문법은 수학과 같은 방식으로 접근했고, 단어는 반복 학습을 통해 5일 전부터 오늘까지의 단어를 외웠다. 이것을 매일 반복하다 보니, 나의 어휘량은 상당히 넓어졌고 5일이 지나더라도 까먹는 일이 거의 없었다. 또한 국어의 문학과 비문학 지문을 풀며 얻은 이해 능력과 속독이 자연스럽게 영어에도 적용되었고, 영어 지문이 국어보다 가벼운 내용이어서 순전히 흥미를 가지고 쉬는 시간에도 책 읽듯이 풀었다.

결론적으로 나에게 코칭을 받은 경험은 단순히 성적을 끌어올리는 거나, 대학에 붙는 것이 아니라, 삶의 방향을 찾고 나의 내면을 성장시키는 계기가 되었다. 그리고 공부하는 방법을 배움으로써 앞으로의 배움을 초연하게 맞이할 수 있게 되었다. 무엇보다, 공부하는 재미를 알게 되었다.

소감문의 마지막 부분을 눈여겨볼 필요가 있다. 공신공부법의 목표가 단순히 성적을 끌어올리거나 대학에 붙는 것이 아닌 삶의 방향을 찾고 내면을 성장시키는 계기를 만들었다는 점에서 다른 공부법과 차별이 된다는 것, 그리고 공의와 질문과 답을 주고받으면서 공의의 생각이 확장되었다는 것을 알 수 있다. 티칭도 아닌, 컨설팅도 아닌 오직 생각하는 힘을 길러주는 코칭이 한 학생의 삶의 이정표를 스스로 세울 수 있게 도왔다는 것이 가장 큰 열매가 아닐까 한다.

내신 4등급에서 1등급으로, 고1 백승협

_ 플래너 관리

　　승협이의 경우 플래너 관리만으로 내신 4등급에서 1등급으로 오른 케이스다. 시간관리가 잘 되지 않는 것 같아서 진로진학 종합검사를 해보니 구체적인 목표가 없다는 사실을 알게 되었다. 목표가 불분명하면 시간관리에도 영향을 미치고 당연히 플래너도 작성하지 않는다. 우선 진학 목표 코칭을 했다. 코칭 프로세스에 따라 목표를 금융경제 분야로 한정시켰고, 승협이가 최소한 서울 소재 4년제 대학을 가겠다고 했을 때 진학 목표 역시 구체화시킬 것을 주문했다. 그리고 공부의 이유를 보다 분명히 하기 위해 자신만의 공부 이유서를 작성케 했다. 공부 이유서를 작성한 뒤 책상 앞에 붙여놓고 슬럼프가 올 때마다 이겨낼 것을 권했다. 그리고 가장 중요한 주간 고정

계획표 작성의 필요성에 대해 코칭을 했다. 왜 주간 고정시간이 필요한지, 그리고 그 시간에 무엇을 할 것인지 등등. 90분 동안 코칭을 하면서 승협이는 만점을 받을 수 있는 최상의 비결은 방과후 학원에 가서 문제집을 푸는 것이 아니라, 그날 배운 내용을 복습하되 요약하고 반복해 이해를 완전히 하는 것이라고 스스로 결론을 내렸다.

그 이후 승협이의 삶은 180도 달라졌다. 무엇보다 플래너를 꾸준히 작성하면서 학습관리를 했다. 그리고 주간 고정시간표를 작성해 그날 배운 내용은 그날 즉시 이해하려고 노력했다. 처음엔 잘 되지 않았다. 그래서 다니던 영·수학원을 그만둔 뒤 오히려 야간 자율학습을 활용했다. 오후 5시부터 10시까지 그날 배운 내용 중 이해가 잘 안 가는 부분은 질문노트에 적어 다음 날 반드시 학교 과목 담당 선생님을 찾아가 질문하는 습관을 들였다. 3개월의 코칭 기간 동안 승협이가 시간관리와 자신만의 공부법에 잘 적응한 것 같아 코칭을 그만두고 입시관리만 받을 것을 권했다.

공부법 코스가 모두 끝난 뒤 한 통의 전화가 왔다. 승협이였다. "선생님 저 올 1등급 나왔어요." 깜짝 놀라 비결이 뭐냐고 물었더니 "꾸준한 플래너 관리요"라고 답하는 게 아닌가? 승협이는 이듬해 학생부종합전형으로 한양대 금융경제학과에 합격했다.

✖ PART 2 ✖

본격! 만점으로
가는 공신공부법
기술 9가지

Chapter 1

동기와 목표 :
진학 목표로
동기부여한다

진학 목표를
분명히 한다

중고등학교 수업 컨설팅을 나가 보면 제일 먼저 둘러보는 곳이 교실이다. 복도를 따라 끝에서 끝까지 지나가다 보면 앞에서 선생님은 수업하는데 엎드려 자는 학생들이 종종 보일 때가 있다. 특히 고등학교 교실은 정말 가관이다. 그야말로 공부하는 학생은 열 손가락에 꼽히고, 나머지는 거의 쓰나미가 지나갔는지 엎드려 잔다. 배려가 많은 선생님이었는지는 몰라도 공부하는 문화가 아니라는 것을 쉽게 알 수 있다. 너무나 안타깝고 또 안쓰러운 광경이다. 도대체 아이들은 수업시간에 왜 엎드려 잘까? 이유는 간단하다. 동기부여가 안 되어서다.

중학생들은 진로코칭을 통해 동기부여를 할 수 있는 반면에 고등학생들은 진학코칭을 통해 동기부여를 할 수 있다. 이를 합쳐 진로진학코칭이라고 하는데, 사실 고등학교 진학 전 진로진학코칭을 충실히 하고 진학할 것을 권하는 편이다. 동기부여가 된 상태에서 진학하면 고교생활 적응이 정말 빠르다. 그러나 동기부여가 제대로 되지 않은 상태에서 진학할 경우 무엇보다 학생부종합전형 지원에도 불리하고, 성적 향상에도 문제가 생긴다.

고등학교 생활기록부에 희망직업란이 있는데, 희망 직업이 3년 동안 일관성 있고, 내신 성적이 상승곡선이며, 자율 활동과 동아리 활동이 다양하다면 학생부종합전형에 지원하는 데 큰 무리가 없다. 문제는 많은 학생들이 희망 직업이 명료하지 않아 좌충우돌하는 경우가 너무 많다는 점이다. 실제로 대입 수시종합 코칭을 해보면, 진로 목표가 명확하지 않아 진학 목표 설정이 쉽지 않은 경우가 허다하다. 1학년 때까지만 해도 항공승무원이 되고 싶다고 했다가 2학년 말에 아닌 것 같다며 다시 진로 목표를 찾는 학생, 2학년 때까지 컴퓨터 엔지니어가 되고 싶다고 했다가 정작 3학년 1학기 때는 화학공학자가 되고 싶다고 진로 목표를 바꾸는 학생처럼 말이다. 그런 상태에서 생활기록부를 어떻게 다시 만들어야 되냐고 되묻는 개념 없는 학생들이 진짜 많다. 그래서 이런 종류의 학생들에겐 진로교육과 진학교육, 그리고 입시교육을 사전에 한 다음 집중 매니지먼트를 해야 한다. 그렇지 않으면 담당하는 코치나 학생도 모두 패-패로 끝나게 된다.

코칭으로 진로진학 동기 강화

공신공부법코칭은 무엇보다 먼저 진로진학 동기를 강화시켜 자신이 공부하는 이유를 명확하게 하는 데 집중한다. 고등학생의 경우 진학코칭에 집중을 하는데 내신 성적표, 모의고사 성적표, 생활기록부를 먼저 취합한다. 그리고 현재 상태에서 지원 가능한 대학교 3군데를 우선 뽑는다. 보통 3, 4등급 학생은 수도권과 충청권 지역으로 가닥이 잡히는데, 실제 현재 성적으로 갈 수 있는 대학을 직접 가본 학생들은 지하철 타고 다니는 학교에 가고 싶다고 이야기하며 공부에 열의를 보이는 경우가 많았다. 이때 코치는 '조금만 더 노력하면 갈 수 있는 대학'을 객관적인 데이터로 제시하는 것이 좋다. 안 그러면 자존감이 낮은 학생의 경우 자신을 비하하고 오히려 아무것도 하지 않겠다고 버티는 경우가 종종 있다.

그래서 코치는 GROW 코칭대화 모델처럼 기대 목표와 현실 파악을 입시라는 렌즈로 재구성하는 것이 좋다. 결국 학생이 현재 성적으로 갈 수 있는 대학과 가고 싶은 대학 사이에 차이(Gap)가 존재한다는 것을 깨닫게 되는 순간, 학생들은 동기부여를 받는다. 이후부터는 어떻게 전략을 세울 것인지 같이 고민하는 것이 필요하다. 결국 내신 성적 올리기는 물론, 학생부종합전형으로 진학할 경우 생활기록부 설계까지 학사 일정에 맞춰 노력해야 한다는 결론이 나온다. 진로 목표와 진학 목표가 확립되면 공부의 이유를 문서화하는 게 좋다.

내가 향후 10년 뒤 어떤 분야에서 영향력을 미칠 것인지 선별하고, 어떤 재능과 가치관으로 살아갈 것인지 정할 때, 진로진학 목표가 정립된다. 진로진학 목표를 분명하게 정립한 뒤 학사 일정에 맞게 비교과를 준비하고 내신을 향상시킬 때, 입시에도 성공하는 것이다.

30분 익힘 계획표를 쓰고 성취감을 맛본다

학습동기 부여 차원에서 단시간 내 목표를 구체화하고 달성시켜 성취감을 맛보게 하는 방법 중 가장 효과가 좋은 것은 단연 30분 계획표를 쓰는 것이다. 30분 계획표를 작성하게 되면, 학생들은 30분 동안 자신이 공부할 수 있는 양을 정하고 공부를 한다. 30분 후 자신이 계획한 것을 얼마나 지켰는지를 스스로 확인할 수 있기 때문에 성취감을 맛볼 수 있을 뿐만 아니라, 자신의 학습 능력도 체크해 볼 수 있다.

초반에는 30분마다 코치가 30분 계획표를 쓰라고 알려준다. 일곱 번 정도 반복해서 작성하면, 학생도 자신이 30분마다 공부한 양을 점검해보며 자신의 학습 소화 능력을 알게 되고, 그 이후부터는 자신이

30분 내에 할 수 있는 것과 없는 것을 구분하는 능력이 생긴다. 이것은 매우 중요한 능력이다. 왜냐하면 30분 내에 자신이 해결할 수 있는 문제의 양을 파악해야 주간 학습계획표를 구체적으로 작성할 수 있기 때문이다.

뿐만 아니라 점진적으로 양 중심의 학습계획표가 아닌 질 중심의 학습계획표를 작성하게 된다. 자신의 학습 능력을 이해하고 질 중심의 학습계획표를 작성하게 되면 실제로 작성한 것을 100% 가까이 지키게 되어 성취감을 얻게 된다. 성취감은 또다시 학습 의욕을 돋우게 되어 올바른 학습 동기가 형성된다. 처음부터 지킬 수 있는 약속을 지키게 되다 보니 '계획-실천-피드백'의 선순환 구조가 이루어지고, 이런 경험이 반복될수록 학생들은 자신감이 향상된다.

자율성은 인정하고 욕구를 읽는다

학생들을 코칭하다 보면 공부를 하다가 잠시 멍을 때린다든가, 공부를 한다면서도 공부하기까지 오랜 시간이 걸리는 학생들이 있다. 문제를 풀다가 조금만 어려우면 멈추고 다른 행동을 하는 경우도 있다. 시험이 다가오면 아예 게임에 몰두한다든가, 문제집 몇 문제 풀다가 마는 행동들을 하는데, 모두 회피와 불안이 야기한 행동들이다. 학생들은 자신이 할 수 없는 일, 그런데 해야만 되는 일에 학습 우울감이나 무기력감을 느끼는 경우가 많다. 그들은 자율성을 원한다. 그들 표현에 따르면 '자유롭고 싶다' '구속받기 싫다' 등이 주를 이루는데, 그들이 원하는 자율성은 인정해주고, 이 욕구를 올바른 방향으로 이끌어주는 것이 코치의 핵심 기술이다.

실제로 반포동에서 코칭을 했던 지석이가 딱 이런 경우였다. 당시 중학교 2학년이었던 지석이는 시험 기간 때만 되면 학원도 가지 않고 오히려 PC방에 자주 드나들었다. 답답해하던 어머니가 코칭을 요청해서 심리검사지로 진단해보니, 시험 기간 때 지석이의 회피와 불안 지수가 높게 나왔다. 왜 그런지 코칭 대화를 나눠보니, 누군가가 자신을 평가한다는 것을 매우 불편하게 여기는 것이었다. 왜 그렇게 생각하느냐고 물으니 엄마 때문이라는 대답이 돌아왔다.

그래서 엄마로부터 지석이의 양육 히스토리를 들어보았다. 지석이가 스트레스 받을 만했겠다는 생각이 들었다. 누나는 세화여고에서 전교 2등을 하고 있었고 엄마는 초등학교 부장 선생님, 아빠는 세종시 고위 공무원이었다. 어떤 대화가 오갈지 상상이 가는가? 하루 동안 어떤 대화가 오고 가는지 대화문 형태로 부모님께 작성해 달라고 요청했다. 평가와 비교가 주를 이룬 대화가 많았다. 지석이는 평가와 비교가 주된 문화인 가정에서 인정받기 위해 사실 허우적거리고 있었다. 시험 기간이면 자신만의 동굴로 도망가는 것은 기본이고, 평소 문제집도 들춰보지 않았다. 만약 비슷한 경험을 하고 있는 학생들이 있다면 하루빨리 진로진학 목표를 분명히 해주고, 30분 계획표로 학업 성취감을 맛보게 해주는 것이 좋다.

지석이와 진로진학코칭을 한 뒤, 공신공부법코칭을 통해 공부의 이유를 명확히 했다. 그리고 30분 계획표로 자율성을 주고, 혼자 공부하는 연습을 시켰다. 처음 1시간은 앉아 있기도 힘들어 했다. 그래서 1시간 앉아 있는 것을 목표로 삼고 30분 계획표를 두 번 작성한 뒤 지키도록 코칭을 했다. 그러자 1시간을 앉아 있는 게 아니던가? 이후 점진적으로 시간을 늘려갔고, 앉아 있는 시간이 5시간을 넘기면서 결국 하루 8시간을 앉아 주도적으로 공부하기 시작했다. 이후 지석이는 학습량이 100% 이상 늘어났고, 시험 때도 불안해하거나 두려워하지 않았다. 유비무환이라는 말이 떠오를 정도로 그 후로는 철저히 준비하고 노력하는 학생이 되었다. 당연히 성적은 향상되어 중학교 3학년 2학기 중간고사 성적이 평균 90점을 넘게 되었다.

Chapter 2

자기이해 :
공부를 알고,
자신을 이해한다

'공부 했다'는 착각!

　자녀가 방에 들어가 공부를 하고 있으면 '아! 공부를 하고 있구나'라고 생각하는 부모님들이 있다. 그동안 공부를 안 하던 학생이 코칭 이후 갑자기 공부를 한다고 책상에 앉아 있으면 그것을 변화라고 여긴다.

　그러나 여기서 짚어봐야 할 것이 있다. 부모님이 생각하는 '공부했다'는 것이 과연 무엇이냐다. 부모님들마다 공부했다는 개념이 서로 다르기 때문에 자녀와 갈등이 생기기도 하고 학습 지도에도 문제가 생긴다. 공부한다는 것은 깨달음을 위한 시간을 말한다. 보통 공부했다고 착각하게 만드는 3가지를 보면 다음과 같다.

첫째, 수업을 많이 들으면 공부했다고 착각한다. ✎

수업을 듣고 있으면 공부를 하고 있다고 생각하는데, 이건 잘못된 생각이다. 가서 수업만 들었는지, 수업 들으면서 깨달음이 있었는지 구체적으로 확인해야 된다. 깨달음이 있는 수업이 되기 위해선 예습과 복습 시 학습 내용을 먼저 익히는 것이 선행되어야 한다. 수업 후 학습 내용을 바탕으로 코치의 WHY 코칭대화 질문이 병행되면 학생들은 깨달음을 얻는 공부를 하게 된다.

둘째, 숙제를 많이 하면 공부했다고 착각한다. ✎

숙제는 수업 시 배운 내용을 다시 익힘으로 연습하는 과정이다. 물론 숙제의 형태가 다음 수업을 위한 예습과정이라면 이야기는 좀 달라질 수 있으나, 보통 공신들은 '공부했다'는 범주에 숙제를 포함시키지 않는다. 주어진 숙제가 어떤 단원과 연결되어 있는지, 선생님이 숙제를 내준 목적은 무엇인지 역으로 코치가 질문해 제대로 인지하고 있는지 확인해주면 학생들은 깨달음을 얻게 된다.

셋째, 문제집을 많이 풀면 공부했다고 착각한다. ✎

개념 정립 없이 무작정 문제집을 많이 풀기보단 개념을 명확히 이해하고 적용하는 단계에서 문제집을 푸는 것이 진짜 공부다. 문제집 풀이과정에서 제대로 개념을 이해하고 풀었는지, 그리고 문제집의 문제가 추론, 계산, 이해, 문제 해결 등 무엇을 묻는 질문인지 등을 고려하며 문제를 푸는 것이 좋다.

위의 설명이 이해되는가? 이해가 되었다면 어떤 공통점을 발견했을 것이다. 무엇일까? 그렇다. 바로 생각하는 공부다. 생각하는 공부가 깨달음을 낳는다. '공부했다'라는 착각에서 벗어나기 위해선 코치가 관찰식별 능력을 가지고 학생에게 질문하고 이에 대해 학생이 대답할 수 있도록 돕는 것이 필요하다.

공부 소화 능력을 빠르게 파악한다

       학습계획을 세우고 공부하지만, 계획을 완수하지 못해 학습 분량을 다음으로 넘기는 학생들이 있다. 문제는 계획된 학습 분량이 다음 시간으로 넘어가면서 학업 성취감이 떨어진다는 것이다. 성취감이 떨어지는 악순환이 반복되어 결국 공부를 손에서 놓게 된다. 왜 그럴까? 그것은 자신의 공부 소화 능력을 제대로 알지 못했기 때문이다.

    공부 소화 능력이란 1시간 동안 배운 학습량을 혼자서 소화시키는 데 걸리는 시간이다. 자신의 공부 소화 능력을 알게 되면 지킬 수 있는 학습계획을 세울 수 있다. 지킬 수 있는 계획을 세우다 보면 당연히 계획은 지켜지고, 성취감은 2배가 되어 학습동기가 강화된다.

계획 세우기→ 계획 지키기→ 성취감 맛보기→ 학습동기 강화

이런 선순환 구조가 확립되면 이후 학생들은 공부에 대한 감이 생기게 된다. '내가 이만큼 공부하면 성적이 어느 정도 나오겠구나!'라는 감이 잡히는데, 그 감이 잡히는 순간 성적은 일취월장하게 된다.

학습 소화 시간표 작성법

1. 주간 목표에 신체, 정신, 관계, 집중해서 공부할 과목을 적는다.
2. 고정시간을 채워 넣는다.
3. 가용시간에 주간 목표를 고려해 작성한다(가용시간: 고정시간을 제외한 나머지 시간).
4. 개인의 학습 소화 능력에 맞춰 제대로 작성되었는지 검토한다.

학습 능력을 파악하는 10가지 기준

　　병원에서 진단을 받으면 처방전을 받는다. 공신공부법도 진단을 받고 처방을 받는 것이 중요하다. 진단이 정확할수록 처방 역시 정확하기 마련인데, 정확한 학습 능력을 파악하는 요소 10가지를 사전에 안다면 학생 코칭에 매우 도움이 된다.

　　학습 능력은 배우고 익히는 능력이다. 이는 2가지 영역인 자기관리와 지식관리로 구성되는데, 각 영역은 5가지 요소로 구성되어 있다. 자기관리 영역은 정신관리, 환경관리, 신체관리, 시간관리, 학습관리로 구성되어 있으며, 지식관리 영역은 집중력, 이해력, 암기력, 요약의 기술, 시험의 기술로 구성되어 있다. 지금부터 각 영역이 어떤 의미를 가지고 있고, 어떤 개념인지 알아보자.

자기관리 영역 5가지

정신관리

정신관리는 공부의 목적을 다지는 역할을 한다. 낮은 자아 효능감, 회피, 불안 등이 밀려올 때 이를 관리하도록 돕는 것이 바로 정신관리다.

자아 효능감은 자신의 능력에 대한 믿음을 말한다. 문제를 풀다가 쉽게 포기하거나 회피한다면, 자아 효능감을 살펴볼 필요가 있다. 할 수 있다는 믿음, 즉 자아 효능감이 생기려면 과거 성공했던 경험을 통한 자신감이 있어야 한다. 설령 실패했다 하더라도 충분한 지지와 격려를 통해 실패를 극복한 경험이 있다면 그 실패는 오히려 자기 효능감을 강화시키는 단초를 제공한다. 이를 제대로 지도하려면 사실 초등학교 저학년 때부터 과제에 대한 자신감을 심어주고 스스로 해결해 나갈 수 있도록 지도해주는 것이 필요하다. 그러나 밀착관리가 안 되다 보니 적기 교육이 안 되어 효능감이 떨어지는 경우도 있다.

회피와 불안 증상이 있는 학생도 마찬가지다. 이들은 어려운 수학 문제를 풀 때 문제를 해결하기보다 심리적으로 도망간다. 이런 친구들은 시험을 앞두고 예민해지거나 시험에 실패할 것이라 예측하고 시험 결과에 대해 걱정한다. 게다가 학습 내용이 너무 어려워서 이해가 되지 않을 때도 불안해하는 경향이 있다. 따라서 정신력을 높이고자 한다면 문제 해결과정에서 충분한 지지와 격려가 필수다.

환경관리

환경관리는 공부 환경을 스스로 정리하는 능력을 말한다. 실제로 600명이 넘는 학생들을 1:1로 코칭했을 때 성적 상위권 학생들의 경우, 정리정돈 습관이 매우 탁월했다. 학교에서 나누어준 프린트물을 단원별로 정리하는 것, 수업시간에 들었던 학습 내용을 노트에 정리하는 것, 공부하기 전 책상 정리를 하고 공부하는 것 등을 매우 잘했다.

반면 중하위권 학생들 경우 학교 수업 프린트물, 수업노트, 교과서 정리정돈이 잘 되지 않았다. 노트 정리는 물론 자신이 수업시간에 무엇을 배우고 있는지조차 정확하지 않았다. 더욱이 공부하는 방을 들어가 보면 공부방인지, 놀이방인지 알 수 없을 정도로 구분이 안 되었다. 그래서 보통 학부모에게 피드백을 전달할 때 책상 정리 상태가 곧 마음의 상태이니 방 정리정돈을 스스로 할 수 있게 절대 치워주지 말라고 신신당부한다. 모두가 맞장구를 치며 동의하지만 시간이 지나면 다시 치워주는 모습을 보고 안타까울 때가 많다. 아이가 성장하면서 스스로 공부 환경을 만들어갈 수 있도록 지속적으로 관찰하고, 정리정돈이 습관화될 수 있도록 끊임없는 소통을 해주길 바란다.

신체관리

신체관리는 자신의 몸을 스스로 관리하는 능력을 말한다. 이는 다시 영양, 수면, 운동으로 구분되는데 청소년 시기에 영양, 수면, 운동을 체계적으로 관리하는 학생들은 그렇게 많지 않다. 그러나 공신공부법은 이 3가지 영역을 효과적으로 관리할 것을 권한다.

특히 수면이 중요하다. 우리나라 비타민치료 전문가 염창환 의사의 말에 따르면 청소년 시기에 많은 학습량을 소화하려면 면역력이 강화되어야 하는데, 많은 뇌 사용으로 면역력이 보충되지 않는 학생들이 많으며, 이를 예방하는 방법 1위가 바로 질 높은 수면이라고 한다. 수면이 면역력의 60%이고, 두 번째가 영양소, 세 번째가 운동이다. 오후 11시 이후 수면을 취하면 수면의 질이 그만큼 떨어질 수밖에 없다고 하는데, 실제로 학생들을 만나 보면 밤 12시까지 잠을 안 자고 공부하는 학생들이 많았고, 성적도 높지 않았다. 신체관리가 안 되다 보니 집중력도 떨어지고 공부도 생산적이지 못한 것이다. 따라서 부모님들은 아이들이 규칙적으로 잠자고 활동하는 시간에 공부를 할 수 있도록 어릴 적부터 좋은 습관을 들이도록 지도할 필요가 있다.

시간관리

시간관리는 우선순위를 정해 계획대로 실천하는 능력을 말한다. 시간관리가 중요한 이유는 효과성에 있다. 효과성의 핵심은 생산성을 높이고 좋은 결과를 지속적으로 얻는 것인데, 지속적으로 좋은 성적을 내고 있는 학생들은 대다수 시간관리를 잘하는 학생들이다. 무엇보다 해야 할 것과 하고 싶은 것 중 해야 할 것을 먼저 한 뒤 하고 싶은 것을 즐기는 학생들이었다. 이는 자기조절 능력이 탁월할 뿐만 아니라 자신의 욕구를 스스로 컨트롤할 수 있다는 것을 의미한다. 시간 관리의 핵심인 자기조절 능력은 충분히 키울 수 있는 것이기 때문에 평소 아이를 잘 관찰하고 격려하고 지지해주는 것이 필요하다.

학습관리

학습관리는 '예습-수업-복습'의 3단계를 실천해 내고, 관리하는 능력을 말한다. 예습-수업-복습의 3단계는 상식 같지만 이를 제대로 해내는 학생들이 많지 않다. 예습-수업-복습을 반복해서 꾸준히 하다 보면 공부 시스템의 기틀이 마련되고, 자연스럽게 자신이 이해한 것과 이해하지 못한 것이 무엇인지 알아내는 메타인지 능력이 향상된다. 이 능력은 자신의 진도를 스스로 체크하고 스스로 할 분량을 정하고 실천하게 만드는데, 이 시스템의 중요성을 학생에게 가르치고 적용할 수 있도록 돕는 것이 코치의 역할이다.

지식관리 영역 5가지

집중력

집중력이란 몰입의 힘을 말한다. 주변에서 아무리 떠들고 관심거리가 생겨도 선택과 집중으로 주의를 통제하는 학생들이 있는데, 이를 두고 집중력이 좋다고 한다. 집중력은 뇌에서 정보처리 능력을 강화시킬 뿐만 아니라, 생산 능력을 강화시켜 목표를 이루는 데 있어 필수요소다. 보통 학생들의 집중력이 떨어지는 이유는 피곤함, 축농증과 같은 질병, 무계획, 잦은 게임, 수면부족 등 때문이다. 공신공부법에서는 집중력을 강화시키기 위해 환경관리와 함께 솔루션을 제공할 뿐만 아니라 연습하면 집중력도 향상될 수 있다는 것을 교육하고 지도한다.

이해력

이해력이란 말이나 글의 체계를 사고하고 분별해 해석하는 힘을 말한다. 이해를 높이기 위해선 글의 체계를 먼저 알고, 상위개념과 하위개념을 구분해 해석하는 연습을 해야 한다. 이때 필요한 것은 아이큐가 아닌 이해하려는 의지다. 이해가 잘 되지 않는 난제를 만났을 때 회피하거나 불안해하는 것이 아니라 인내와 끈기를 가지고 계속 붙잡고 늘어지는 연습이 있어야 해석하는 힘을 갖게 된다. 글의 체계를 미리 이해하고 사고하는 과정을 충분히 연습한다면, 해석에 들이는 노력도 점차 줄어들게 된다. 그렇게 하기 위해선 무엇보다 교과서의 내용을 왜곡하지 않고 수용하는 자세가 필요하다. 먼저 수용한 다음 생각하는 것이 중요하다. 수용 없이 생각을 먼저 하게 되면, 선입견이 생기게 되어 문제에서 해결점을 찾을 수 없다. 공신공부법코칭에서는 이해력을 높이기 위해 정독을 권하며, 코치의 생각 질문을 통해 메타 인지를 높일 수 있다. 예습 시에는 개념노트, 복습 시에는 이해노트를 사용하게 함으로써 자신의 이해력을 스스로 점검해볼 수 있도록 돕고 있다.

암기력

암기력이란 기억해서 잊히지 않는 힘을 말한다. 기억은 수업시간에 배운 내용을 자신만의 언어로 만들어 저장하고 필요할 때 꺼내 쓰는 과정이다. 기억은 학습 능력에서 매우 중요한 역할을 하는데, 이 기억의 기초가 정독이다. 바르게 읽는 과정에서 이해가 선행되어야 기억하기 쉽다. 언제든지 저장하고 필요할 때 꺼내 쓸 수 있는 능력이 결국 공신공부법에서 중요한 기술 중 하나인데, 효과적인 암기를 하기 위해 개념노트를 활용해 훈련을 시킨다. 아이의 암기 의지를 점검하고 효과적인 암기 기술을 갖도록 관찰하고 반복 훈련시키는 것이 정답이다.

요약의 기술

요약이란 긴 글의 핵심을 찾아 간결하게 만드는 것이다. 요약을 잘하려면 우선 독해를 잘해야 된다. 글에서 중요한 핵심 내용이 무엇인지 빠르게 파악하고, 여러 가지 하위 개념들을 묶어 상위 개념으로 네이밍하는 것이 중요하다.

읽기는 문자를 해독하거나 글쓴이의 생각을 넘어 독자가 주도적으로 텍스트의 의미를 재구성하는 고도의 인지적 기능이다. 따라서 글을 읽고도 무슨 뜻인지 모르는 학생들은 요점이 무엇인지도 모르기 때문에 고도의 읽기 능력을 먼저 키워주어야 한다. 공신공부법은 학생들의 요약 기술을 점검하고 실제로 능력을 키워주기 위한 방법을 일러준다.

시험의 기술

시험의 기술은 시험 전, 시험 중, 시험 후를 전략적으로 준비해 높은 점수를 맞도록 하는 방법이다. 시험의 기술을 사용하는 학생은 시험 범위, 기본 개념을 미리미리 확인하고, 특히 시험 3주 전 법칙을 활용해 시험을 준비한다. 만점을 목표로 하는 것이 중요한데, 이를 위해 시험 범위의 내용을 여러 번에 걸쳐 반복 학습하도록 한다. 또한 시험 계획표를 합리적으로 작성케 해 실제 지켜내도록 돕는다.

시험시간에는 시간 안배를 철저히 하고 시험 후에는 무엇이 잘못되었는지 오답 정리를 한다. 공신공부법은 시험의 기술을 최대한 빠르게 적용하고 활용할 수 있도록 최소 한 달의 기간을 잡고 교육한다.

시험지 분석을 통해 공부습관을 점검한다

시험지 분석법은 학생이 자신의 현재 상태를 파악하는 데 매우 유용한 기술이다. 대부분의 학생들은 중간고사, 기말고사, 모의고사 후 몇 점을 받았는지 살펴보는 데에만 급급하고, 시험지 분석을 하지 않는다. 그러나 시험지 분석을 하면 자신이 놓쳤던 개념, 문제 유형 등을 발견하게 되면서 자신의 공부 패턴을 알게 된다. 그동안 이 시험지 분석법으로 300여 명 넘게 지도하면서 발견한 학생들의 가장 큰 문제점은 바로 수업시간에 작성한 노트와 교과서, 그리고 프린트물을 한눈에 꿰고 있지 못하다는 것이었다.

시험지 분석법을 교육할 때 제일 먼저 지도하는 것이 책상 위에 시험지, 교과서, 프린트물을 놓은 뒤 역으로 찾아가며 이 문제가 어느 단원, 어떤 자료에서 나왔는지 파악해보는 것이다. 이 과정 중에 대다수 학생들은 "아! 이 문제는 노트 정리한 곳에서 나왔네요" "어! 이 문제는 프린트물 여기서 나왔어요" "아! 이 문제는 교과서 이 부분에서 나왔어요"라고 한다. 살펴보면 대부분 교과서나 노트에 빨간 펜, 형광펜 등으로 강조 표시해놓은 것들이다. 그러면서 "제가 꼼꼼하게 보지 못했어요" "아! 이건 몰라서 그냥 넘어갔는데 어떻게 여기서 나올 수 있지?" 등과 같은 반응을 보인다.

이렇게 시험지 분석법으로 제대로 분석해보면 무엇보다 자신의 잘못된 공부습관을 알 수 있다. 그리고 보다 꼼꼼하게 챙기지 못한 자신을 발견하게 된다. 그런 자신을 발견하는 순간 깨달음이 생기고, 이후 전략을 어떻게 세워야 할지 감이 잡히게 된다.

공신의 시크릿노트

자기관리 능력 진단표

	매우 그렇지 않다 ←→ 매우 그렇다				
1. 나는 일일계획, 주간계획, 월간계획을 규칙적으로 세운다.	1	2	3	4	5
2. 나는 다른 친구들에게 칭찬을 잘 한다.	1	2	3	4	5
3. 나는 책상 정리를 날마다 한다.	1	2	3	4	5
4. 나의 가방 속은 정리가 되어 있다.	1	2	3	4	5
5. 나와 부모님의 대화 속에는 긍정적인 에너지가 흐른다.	1	2	3	4	5
6. 나는 규칙적으로 운동을 1년 이상 했다.	1	2	3	4	5
7. 나는 나의 감정을 안다.	1	2	3	4	5
8. 나는 공부를 할 때 친구를 경쟁자로 느낀다.	1	2	3	4	5
9. 나는 글씨를 예쁘게 쓴다.	1	2	3	4	5
10. 나는 장래에 꼭 이루고 싶은 인생의 목표가 있다.	1	2	3	4	5
11. 나는 주어진 시간에 계획한 대로 학습 과제를 마친다.	1	2	3	4	5
12. 나는 수업노트를 착실하게 쓴다.	1	2	3	4	5
13. 나는 계획을 세우고 실천한다.	1	2	3	4	5
14. 나는 시험 전날 벼락치기를 하지 않는다.	1	2	3	4	5
15. 나는 책상에 앉으면 40분 이상 집중한다.	1	2	3	4	5
16. 나는 일기를 즐겁게 쓴다.	1	2	3	4	5
17. 나는 인생의 롤 모델로 생각하는 사람이 있다.	1	2	3	4	5
18. 우리 가족은 정기적인 가족회의 시간이 있다.	1	2	3	4	5
19. 나는 아침에 일어나서 상쾌하게 하루를 시작한다.	1	2	3	4	5
합계					

점수	평가				
90점 이상	훌륭하다! 거의 완벽에 가깝다!				
80점 이상	잘하고 있다!				
70점 이상	나쁘지 않다. 하지만 개선의 여지가 있다.				
60점 이상	노력이 필요하다.				

Chapter 3

메타인지 :
메타인지 코칭으로
성적을 올린다

시험 성공의 두 날개, 메타인지와 공부 소화 능력

일산 백석고등학교에서 공신공부법 컨설팅을 진행했을 때였다. 당시 고등학교 1, 2학년 학생 30명을 데리고 3개월 동안 공부법을 지도했는데, 그때 만난 2학년 한솔이라는 학생이 지금도 기억이 난다. 당시 파트너 학습을 위해 한솔이에게 1학년 학생을 짝지어 주었다. 50분 동안 배운 내용을 요약해 서로에게 알려주는 시간이었고, 한솔이에게 수학의 일차함수를 짝에게 설명해주라고 했다. 그러자 한솔이는 설명을 하다가 잠시 머뭇거리더니 "아, 나 그거 아는데. 잠시만요, 잠시만요…"라고 되뇌었다. 한참 답변이 없기에 옆에 있던 1학년 학생에게 설명해 달라고 했다. 그러자 그 학생은 일차함수에 대해 단번에 설명했다. 갑자기 교실 분위기가 싸해졌다. 한솔이는 '아,

본 적이 있는데' 정도를 아는 것이라고 착각하고 있었던 것이다. 하지만 정말 안다는 것은 다른 사람에게 설명할 수 있어야 정말 알고 있는 것이다.

이렇듯 자신의 사고 능력을 바라보는 능력을 '메타인지 능력'이라고 한다. 또 다른 표현으로는 '메타인지적 지식'이라고도 한다. 무언가를 배우고 적용할 때, 자신이 아는 것과 모르는 것을 정확히 파악할 수 있는 능력이다. 메타인지 능력이 탁월하면 자신이 무엇을 모르는지 정확히 알기 때문에 이를 보완하기 위한 계획과 전략을 평가하는 모든 행위가 남다르게 된다. 예를 들어 방정식을 배웠다고 하면 방정식이 항등원인지 아닌지 구분하고, 잘 모르겠다면 이 부분을 내가 몇 번 더 들여다볼지 등의 전략을 세우는 능력이다.

이런 메타인지 능력이 없으면 공부 소화 능력을 점검해보겠다는 생각조차 들지 않는다. 1시간 동안 배운 것을 혼자서 소화시키는 데 걸리는 시간을 아는 것은 시간을 효과적으로 사용하는 데 중심추가 된다. 이를 바탕으로 메타인지 능력을 활용해 공부할 때 생산성은 2배가 된다. 마치 비행기의 두 날개와 같은 역할인 것이다. 한쪽 날개의 엔진이 파손되면 비행기가 날 수 없는 것처럼, 2가지 능력을 빠르게 습득하는 것이 초기 공신공부법코칭을 할 때 관건이 된다. 이를 해결하기 위해선 공부 소화 능력을 빠르게 체크하고 이후 이해노트나 암기노트 등을 활용해 메타인지 능력을 키우면 된다. 결국 시험은 자신의 머릿속에 얼마나 정확하게 정리되어 있느냐에 따라 결과가 달라지기 때문에 두 능력을 키우는 것을 목표로 삼아 교과 내용을 중심으로 지도하는 것이 현명한 방법이다.

나만의 익힘 시간,
고정시간으로 만든다

영국의 《웹스터 사전》에 따르면, 시간이란 과거에서 현재를 거쳐 미래로 이어져 가는 크고 작은 사건들의 연속을 말한다. 다시 말해 시간 관리라는 것은 일상생활에서 우리가 경험하는 크고 작은 사건들을 관리하는 것이다.

방과후 자율학습을 성공적으로 하려면 시간관리가 매우 중요하다. 스스로 계획하고 실천하고 피드백하는 자기조절은 메타인지 능력에 속한다. 이는 시간관리를 통해 효력을 가속화할 수 있다.

그러나 보통 중고등학생들의 삶을 관찰해보면 시간관리가 제대로 이루어지지 않고 있다. 그들의 방과후 시간을 관찰해보면 익힘의 시간이 없다. 요약정리가 안 된 채로 학원에 간다. 계속해서 배우기만

하지 익히지 않는다. 당연히 시험 결과는 제자리걸음이다.

고정시간 만들기

학생이 시간을 제대로 관리하고 싶다면 앞서 말했듯이 공부 소화 능력을 체크하고 공부해야 된다. 실험을 해보니, 상위권 학생들은 15페이지 분량의 학습 내용을 요약정리하는 데 40분이면 충분했으나, 하위권 학생들은 120분을 주어도 모자랐다.

그동안 일반 학생들에게 공신공부법이 제대로 적용되지 못한 이유가 바로 여기에 있다. 익힘 시간을 고정화시켜야 한다. 여기서 고정된 시간이란 그 누구와도 타협하지 않는 절대적인 시간이다. 공신들은 하나같이 자신이 해야 할 일이 있으면 다른 친구들의 부탁이나 모임도 거절을 하는데, 이는 자신만의 절대적인 시간을 양보하지 않겠다는 것을 의미한다. 따라서 일반 학생들이 해야 할 것은 2가지다. 첫째, 절대적으로 요약정리 시간 확보하기, 둘째, 자신만의 학습 소화능력을 키워 요약정리하는 시간 줄여 나가기. 고정된 시간표를 어떻게 확보했느냐에 따라 성적이 달라질 수 있다는 것을 다음의 두 친구 사례를 통해 알 수 있다.

학교 시험 평균 78점인 중학교 2학년 학생의 시간표

	월	화	수	목	금	토	일
7:10~7:50	기상 및 식사						
8:10~8:30	등교						
8:30~8:50	조회 및 준비						
8:50~9:35	도덕	과학	과학	수학	국어	늦잠	
9:45~10:30	사회	사회	수학	사회	기술		
10:40~11:25	국어	수학	영어	도덕	수학		교회
11:35~12:20	미술	체육	음악	국어	한문		
	점심 식사						
1:00~1:45	기술	한문	창재	과학	가정	자유시간	
1:55~2:40	체육	영어	국어	영어	과학		
2:50~3:35	하교 및 씻기			체육	하교 및 씻기		
4:00~5:00	휴식 및 저녁		수학학원	휴식 및 저녁			
5:00~6:00							
6:00~7:00	자기공부	영어학원		영어학원	영어학원	tv	
7:00~8:30	숙제						
8:30~9:40	숙제						
10:00~11:00	tv	tv	tv	tv	컴퓨터		
11:00~11:30	내일 준비	내일 준비	자기공부	내일 준비	내일 준비		

학교 시험 평균 97점인 중학교 2학년 학생의 시간표

T / D	월	화	수	목	금	토	일
7:30	기상						
7:30~7:50	세면과 식사						
7:50~:8:00	수학 1문제(익힘 책)						
8:00~8:10	등교					한주간 정리	오답 분석
8:10~8:40	아침 독서 후(20분) 수업노트 정리(10분)						
8:50~12:20	학교 수업(직후 복습-쉬는 시간 수업노트 정리(3분))						예배
12:20~1:20	점심(그날 오전 과제 처리 가능하면 처리)						
1:20~3:20	학교 수업(직후 복습-쉬는 시간 수업노트 정리(3분))					휴식	휴식
3:30~4:30	노트 정리	귀가		노트 정리			
4:30~5:30	정리						
5:30~6:30							
6:30~7:00	저녁 식사						
7:00~8:30	질문+학원 수업					휴식	
8:30~9:00	배운 것 기본문제 풀기						플래닝
9:00~10:05	자유시간						
11:00~11:40	자기(피드백 타임)						

　두 학생의 차이점은 무엇일까? 평균 97점 학생의 시간표를 자세히 들여다보면 몇가지 특징이 있음을 알 수 있다.

　첫째, 스스로 배운 내용을 정리하는 시간이 있다. 방과후 제일 먼저 하는 일이 2시간 동안 스스로 배운 내용을 정리하는 것이다. 이 시간을 고정시간으로 삼고 반복했다(7:00~9:00pm).

둘째, 주말 플래닝 시간이 있다. 주말까지 공부를 하라는 것이 아니다. 최소한 다음 주 학교에서 배울 내용이 어떤 것들인지 사전에 훑어보고 플래너를 가지고 계획을 세우라는 것이다. 다음 한 주의 계획을 미리 세워보면 갑자기 발생하는 사건들을 충분히 컨트롤할 수 있는 힘이 생긴다.

셋째, 주말 복습시간이 있다. 공신들의 성적이 좋은 이유는 이미 이들의 시간표가 분산 학습과 누적 반복 학습 원리에 따라 만들어졌기 때문이다. 망각률을 줄이고 기억률을 높이기 위해 잊어버릴 만할 때쯤 요약정리를 통해 지식관리를 하는 것이다.

메타인지 능력은 어떻게 향상되나?

메타인지 능력 향상에는 다양한 방법들이 있다. 메타인지 능력은 절대 타고나는 것이 아니다. 훈련을 통해 꾸준히 향상시킬 수 있다. 직접 예상문제를 내고 맞혀보기, 친구나 부모님께 설명하기, 스스로 묻고 대답하기 등 실제 알고 있는 지식과 알고 있다는 느낌의 차이를 직접 깨닫는 연습이 많으면 많을수록 좋다.

중요한 것은 이런 메타인지 능력을 어떻게 키워주느냐다. 앞서 예로 든 직접 예상문제를 내고 맞혀보기나 친구나 부모님께 설명하는 것 등은 쉬운 일이다. 중요한 것은 실제로 학생들이 수업 내용을 설명할 때 코치가 어떤 자세를 갖고 초점을 어디에 맞춰야 되는지 알아야 메타인지 능력 향상에도 도움이 된다는 것이다.

일반적으로 학원이나 과외에서는 메타인지 능력을 향상시키기 위해 백지 테스트나 개념 문답을 하는 경우가 많다. 그러나 공신공부법 코칭에서 적극 추천하는 것은 하브루타 방식의 '말로 설명하기'다. 학생이 '병자호란'과 '임진왜란'의 차이를 설명한다고 가정해보자. 이때 코치가 역사를 잘 모르는 상태라면 학생이 맞게 설명하는지, 틀린 설명을 하는지 모를 수 있다. 학생이 청산유수처럼 잘못된 지식을 가지고 설명한다면, 코치 입장에선 그게 맞는가 보다 하고 넘어가는 경우도 생길 수 있다.

이러한 경우가 발생해서는 안 된다. 학생이 설명할 때 코치가 학생이 말하는 내용을 잘 몰라도 맞는지 아닌지 알아차리는 방법이 있다. 바로 관찰식별이다. 관찰식별이란 학생의 얼굴 표정이나 얼굴색 변화, 한숨 등 비언어적인 몸짓을 관찰해 알고 말하는지 모르고 말하는지 구분하는 능력이다.

코치가 관찰식별 능력이 탁월하면 할수록 학생들에게 WHY 코칭 대화 모델로 질문하게 된다. "지금 말한 거 확실한 거니?" "몇% 확실해?" "왜 그렇지?" 등으로 되물어 학생 스스로 '이게 아닌가?' 하는 생각이 들게 만들면 된다. 질문을 받은 학생은 고민하다가 "잠시만요" 하고 관련 교과서나 자습서를 펼치고 자신이 설명한 것이 맞는지 다시 확인한다. '잠시만요'라고 한 것 자체가 확실한 것이 아니기 때문에 정확하게 알려고 마음을 다잡게 된다. 따라서 코칭대화 모델이 매우 중요하다는 것을 알고 WHY 코칭 질문에 숙련되어 있으면, 학생들의 메타인지 능력을 향상시켜주는 데 큰 도움이 된다.

공부 도구를 활용해 메타인지 능력을 키운다

코치가 붙어서 밀착 관리해 메타인지 능력을 키워줄 수 없다면, 공부 도구를 활용해볼 것을 권한다. 미술을 할 때 미술 도구가 필요하고, 과학 실험을 할 때 실험 도구가 필요하듯이 공부를 할 때는 공부 도구가 필요하다. 공부 도구는 에빙하우스 망각곡선의 이론 중 망각률과 기억률의 반비례법칙을 통해 만들어진 4가지 노트다. 우리 뇌는 수업시간에 배운 내용을 10분만 지나도 내용의 40% 가까이 왜곡하거나 삭제하는 경우가 허다하다. 특히 사춘기 학생들의 경우 자기중심적 사고에 머물러 있는 경우가 흔해서 자기중심적으로 해석하고 판단을 많이 한다. 또한 '안다'라는 착각 때문에 시행착오를 많이 겪는데, 이를 방지하기 위해선 메타인지 능력을 키우는 공부 도구가 매우 필요하다.

우선 상위권 학생들의 공부 패턴을 살펴보면 4가지 키워드가 있다. 개념 이해, 수업 내용 구조화, 요약정리, 개념 응용이다. 이를 구조화해 만든 노트가 바로 개념노트, 수업노트, 이해노트, 암기노트다. 에빙하우스 망각곡선 이론과 공부 패턴 4가지를 응용해 만든 것들이다.

우선 개념노트는 자신이 알고 있는 개념을 적고 교과서의 정의와 비교해보면서 자신이 개념을 올바르게 이해하고 있는지 여부를 확인하는 것을 목표로 한다. 교과서 내용 중 자신이 어렴풋이 알고 있는 낱말이 있다면, 개념노트에 적어서 리스트업하고 내용을 적은 뒤 코치와 함께 말해보기 연습을 하면서 사용할 수 있다.

두 번째 수업노트는 수업을 듣고 중요한 개념을 3가지로 정리한 뒤 핵심을 요약하는 용도로 사용한다. 수업을 들으면서 질문거리가 생기면 별도 칸에 작성한 뒤 수업 이후 선생님께 찾아가 질문하고 답을 얻어오는 것이 필요하다. 이 수업노트는 수업을 들으면서 자신이 전에 몰랐던 것과 새롭게 알게 된 내용을 구분하도록 돕는다. 메타인지 능력을 좀 더 높이기 위해서는 수업노트를 보며 중요한 개념과 핵심 내용을 학생이 직접 말로 표현해보도록 코치가 옆에서 지도하는 것이 좋다.

세 번째 이해노트는 백지 테스트 기능을 구조적으로 만든 것이다. 이해노트는 메타인지 능력을 높이는 데 매우 유용할 뿐만 아니라 코치 없이 혼자 연습해도 효과가 매우 높다. 활용하면 할수록 공부할 것과 하지 말아야 될 것을 빠르게 구분해준다.

네 번째 암기노트는 단권화를 효과적으로 하기 위한 것으로, 마치 마인드맵 형태로 단권화하도록 구조화한 것이 특징이다. 기억나는 것과 나지 않는 것을 기준으로 구분하면서 노트 한 장에 약 7주 동안 학교에서 배웠던 모든 내용을 구조화해 기록할 수 있도록 만들었다. 서술형 문제를 대비할 때 유용하게 활용할 수 있다.

이처럼 4가지 공부 도구인 개념노트, 수업노트, 이해노트, 암기노트는 '예습-수업-복습-시험'의 단계별 학습을 효과적으로 할 수 있도록 구조화되어 있다는 게 특징이다. 이를 3개월만 꾸준히 사용하면 주어진 시간 내에 핵심만 공부하게 되어 매우 효과적이다.

성적을 올려주는 공부 도구

개념노트

개념노트는 예습과 복습에 활용되고, 이해력의 기본인 어휘력 증진에 도움이 되는 핵심 개념을 효과적으로 익힐 수 있는 도구다. 개념노트를 작성하는 이유는 교과서 예습 시 중요한 개념과 모르는 개념을 찾아 수업에서의 이해를 돕기 위해서다.

수업노트

수업노트는 예습, 수업, 복습 시 모두 사용할 수 있다. 수업시간에 중요한 것과 중요하지 않은 것이 무엇이고, 이해하지 못한 것은 무엇인지 구분할 수 있도록 효과적으로 돕는다. 핵심 개념과 요약정리를 통해 완전 학습을 할 수 있도록 돕는다.

이해노트

이해노트는 주중 복습 시 사용할 수 있다. 수업시간 이후 기억나는 것과 기억나지 않는 것을 효과적으로 구분할 수 있도록 돕는다. 중요한 것을 효과적으로 기억할 수 있도록 스스로 질문을 만들어볼 수도 있다.

암기노트

암기노트는 주중 공부한 단원을 주말에 효과적으로 단권화할 수 있도록 고안된 공부 도구다. 하위 개념들 간 중요한 개념을 간추려 내어 연관성을 이해하고, 이를 구조화함으로써 배운 내용을 한 페이지에 단권화할 수 있다.

예습	수업	복습	시험
개념노트	수업노트	이해노트	암기노트

이런 노트 사용을 효과적으로 한다면 이는 정말 좋은 공부 기술이다. 이런 공부 기술을 반복하면 거꾸로 공부의 태도를 기를 수 있다.

Chapter 4

이해와 요약 :
이해한 것은
설명할 수 있어야
한다

책을 읽고도 이해를 못 하는 학생

중앙일보 공신캠프에서 강의했을 때의 일이다. 중학교 2학년 원철이에게 다음의 글을 읽게 하고 무슨 뜻인지 물어보았다.

르네상스 시대 사람들의 현세에 대한 관심은 자신이 살고 있는 세계와 자연에 눈을 돌리게 했다. 그 결과, 자연을 있는 그대로 관찰하고 탐구해 근대과학과 기술의 발달을 촉진했다. 코페르니쿠스와 갈릴레이는 지동설을 주장해 중세의 우주관에 혁명을 일으켰으며, 구텐베르크는 활판인쇄술을 발명해 새로운 지식과 사상을 전파하는 데 크게 기여했다. 한편, 중국에서 들어온 화약은 기사계급의 몰락을 촉진했고, 나침반은 개척에 이바지했다.

이런 기술이 널리 활용되어 감에 따라 농업과 수공업이 발달하고 잉여 생산물이 생기게 되고, 운수 수단의 개선과 더불어 상업의 진보를 촉진했다. 중세도 끝나려 할 무렵에는 팔기 위한 상품의 생산 증대, 시장의 번영, 그리고 도시의 발달이 현저해졌다. 이들 여러 도시는 경제적으로, 이윽고 정치적으로도 독립해 중세의 사회체제-위계적(位階的)인 봉건제도-를 무너뜨리기 시작했다. 몰락 단계에 있던 봉건기사(騎士)계급의 대신이 되고자 하는 신흥 자치 도시민은 새로운 정치 형태인 절대군주제를 만들어 내었고, 이의 확립과 민족국가의 대두는 결국 중세 사회의 전(全)구조의 종말을 가져왔다. 르네상스의 개화와 종교개혁의 운동은 이 사회체제의 변혁 과정을 추진시키는 같은 움직임의 2개의 면이었다. 일찍이 상업도시로서 성장하고 정치적으로도 독립을 쟁취한 이탈리아의 여러 도시에서 인문주의운동이 전개된 것은 이상한 일이 아니다. 인간성의 회복, 고전에의 복귀는 중세에 대한 대결이고, 봉건제에 대한 복종을 거부하려는 상인들의 윤리 반영이었다.

원철이에게 방금 읽은 부분이 무슨 내용인지 물어보았다. 그랬더니 원철이가 "네?"라고 했다. 그래서 다시 "방금 읽은 내용을 요약해 줄래?"라고 물었더니 "잠시만요" 하곤 다시 본문을 읽고 있었다.

영어도 아닌 한글인데 직독직해가 안 되는 것이었다. 심각하게도 이런 학생들이 정말 많다. 책을 읽고도 이해를 못 하는 것이다. 신기하지 않은가? 왜 그럴까? 이유는 간단하다. 의미 파악이 안 되는 것이다. 사실 독해는 오랜 책 읽기 숙련에서 완성되는 것인데, 많은 학생들이 생각하는 책 읽기 연습이 안 되어 있다.

글을 읽고 글쓴이가 말하고 싶은 것이 무엇인지 아는 것이 의미 파악인데, 책을 읽고도 무슨 말인지 이해가 안 된다면, 읽기 방법에 문제가 있는 것이다. 자신이 독해를 잘하는지 알려면 아무 책이나 펼쳐 놓고 읽은 뒤, 백지를 꺼내 책의 내용을 적어보는 것이다. 단, 두 번 읽으면 안 된다. 해보고 난 뒤에는 자신의 독해 실력을 가늠할 수 있을 것이다.

왜 한 번 읽어선 이해가 안 될까? 그 이유는 학생들이 지문을 중심으로 생각하면서 읽어야 하는데, 문제풀이 중심으로 지문을 읽어서다. 학교나 학원에서 대부분 선생님들이 문제 중심의 수업을 하기 때문이다. 또 문제를 푸는 경우에도 왜 그 답이 맞는지 따지지 않고 상당 부분 감각에 의존한다. 많은 학생들이 문제집을 풀고도 성적이 올라가지 않는 이유가 바로 여기에 있다. 독해가 늘면 자연스럽게 성적이 올라가는데 그것을 지키지 않는 것이다.

독해를 할 때는 무엇보다 단어 간 의미를 파악하는 것이 첫 번째이고, 그다음은 문장 간 의미를 파악하고, 세 번째는 문단과 문단 간 의미를 파악해야 한다. 그래야 한 편의 글에서 총체적인 의미를 알 수 있게 된다. 원철이의 경우도 단어의 뜻은 알겠는데 문장과 문장

간 의미 파악이 되지 않는 것이다. 원철이가 했어야 하는 것은 차근차근 4단계에 맞춰 글을 읽고 오랫동안 해석하는 연습이었다. 이것을 지문 분석이라고도 한다.

단계	1. 단어	2. 문장	3. 문단	4. 글
목표	단어의 뜻, 단어의 의미관계 파악	문장의 뜻, 문장의 의미관계, 문장 속 세부 정보 확인	문단의 주제, 문단의 구조, 문단의 의미관계 파악	글의 주제, 글의 구조와 성격, 글의 의미관계, 글의 전개방식, 글의 논지 파악

입시 독해도 연습해야
실력이 향상된다

보통 학생들이 글을 읽고 잘 이해한다고 생각을 하지만, 실제 내용을 물어보면 알지 못하는 경우가 흔하다. 반면 어떤 학생들은 내용을 물어보면 대답을 잘 한다. 왜 그럴까? 그것은 글을 읽는 깊이가 다르기 때문이다. 그들은 글을 읽는다고 생각하지만, 사실 글을 읽는 것이 아니라 단어를 읽는 경우가 많다. 단어를 읽으면서 뜻을 아는 것일 뿐 단어와 단어 관계나 문장들 간의 관계를 아는 것은 결코 아니다. 다음의 글을 보고 연습을 해보자.

꿈을 이루는 것은 좋은 습관입니다. 습관은 열망, 기술, 지식의 3가지 구성으로 이루어져 있습니다. 열망과 기술은 있으나 지식이 없으면, 습관은 형성되지 않고, 역으로 기술과 지식은 있으나 열망이 없으면, 역시 습관은 형성되지 않습니다. 마지막으로 열망과 지식은 있으나 기술이 없으면 마찬가지로 습관은 형성되지 않습니다. 좋은 습관을 형성하려면 열망과 기술과 지식이 어우러져 있어야 가능합니다. 자신이 만들고 싶은 좋은 습관과 버리고 싶은 나쁜 습관을 3가지씩 적어봅시다.

위의 글은 무엇에 대한 것인가? 글을 다시 읽지는 말자. 그냥 대답을 해보자. 한 번 읽고 대답하기가 쉽지 않을 것이다. 왜 그럴까? 바로 의미관계를 파악하지 못해서다. 의미관계를 제대로 배운 학생들은 많지 않다. 의미관계는 하나하나 분석해가며 배워야 실전에서 응용이 가능하다. 물론 배우는 과정에서 이해가 잘 되지 않는 부분이 있을 것이다. 그럴수록 마음가짐을 제대로 한 뒤 다시 분석해보는 인내심이 필요하다. 한 번 더 읽어보고 무엇에 대한 글인지 한번 대답해보자.

다시 질문하고 싶다. 혹시 모르는 단어가 있었나? 아니면 문장이 너무 어려웠나?

단어도 모두 알고 문장도 모두 아는데 쉽지 않다고 여기는 이유는 체계적인 글 읽기 방법을 배우고 연습하지 않았기 때문이다. 의미관계를 알고 글을 읽어야 종합적인 이해가 가능하다. 의미관계를 이해하고 원리를 외우는 것은 마치 수학 공식 도출원리를 이해하고 문제를 푸는 것과 같다. 그래서 공신공부법코칭은 읽기 교육을 기본으로 공부법 교육을 시작한다. 최소 중학교 입학하기 전, 늦어도 고등학교 입학 전 공신공부법코칭을 배울 것을 권한다. 독해를 배우지 않으면 학년이 올라갈수록 해야 할 것은 많고, 제대로 이해하지 못해 초조해지고, 불안심리 속에서 공부하는 고통을 갖게 된다.

의미관계 파악 독해를 익히면 충분히 학습동기가 높아질 뿐만 아니라, 탄탄한 학습 내공으로 학년이 올라가도 두려움이 생기지 않는다. 공부를 통해 잃어버린 자신감은 공부를 통해 다시 회복해야 된다.

태도가 좋아야 이해를 더 잘한다

보통 이해를 결정하는 것은 지능이라고 생각한다. 그러나 지능보다 중요한 것이 바로 태도다. 배우려는 의지, 이해하려는 의지, 암기하려는 의지가 없으면 아무리 지능이 뛰어나도 이해하기 어렵다. 특히 수업시간의 태도가 좋지 않으면, 학습 이해력이 떨어지기 때문에 코치나 학부모는 아이의 수업 태도를 선생님과의 상담을 통해 지속적으로 확인할 필요가 있다. 수업시간에 딴짓을 한다거나, 다른 생각을 하느라고 중요한 내용을 놓치는 경우 등을 중점적으로 확인해봐야 한다. 선생님이 직간접적으로 강조하는 부분이 무엇인지 파악하고, 선생님 질문에 열심히 답하고, 수업 활동에 최선을 다하는 것이 바로 좋은 수업 태도다.

수업 성공을 위한 4가지 태도

다시 말하지만 수업은 학생들에게 매우 중요하다. 학교생활 중 80% 이상이 수업 참여이기 때문이다. 수업 참여를 성공적으로 하면 이후 방과후 자율학습도 성공할 확률이 높다. 그렇다면 좋은 수업 태도를 구별하는 기준은 무엇일까? 바로 만점 자세, 수업 듣기, 질문하기, 노트 필기다. 우리는 이 4가지 기준으로 수업 태도의 좋고 나쁨을 판단할 수 있다.

자기 자신과의 싸움, 만점 자세

보통 테니스를 칠 때 공을 잘 쳐내기 위한 다양한 자세가 있다. 골프도 다양한 스윙 자세가 있다. 유도 선수는 업어치기와 누르기 등 상대를 제압하고 이겨내는 자세와 기술이 있다. 이처럼 공부에도 자세가 있다.

공부에서 올바른 자세란 만점 자세다. 눈은 교단의 선생님을 바라

〈만점 자세 5원칙〉

허리: 곧게 펴고 의자 등받이에 붙인다.

호흡: 천천히 코로 깊게 숨쉰다.

눈: 목표하는 곳에 집중한다.

입: 다문다.

혀: 입천장에 붙인다.

본다. 턱은 약 15도 정도로 유지하고, 다리는 직각으로 바닥에 발바닥을 놓는다. 손은 책상 위에 올려놓고, 허리는 바로 세우고 등받이에 붙인다. 이 상태를 유지하기란 쉽지 않다. 수업을 듣는 동안 몸이 뒤틀리고 힘들겠지만 이겨내야 한다. 공부습관을 만들려면 무엇보다 몸을 공부 모드로 만들어야 하기 때문이다. 공부는 자기 자신과의 싸움이라고 하지 않던가? 그 첫 싸움이 자기 몸과 자세다. 몸을 공부 자세에 맞춰야 한다. 앉는 자세를 언제나 바르게 만들어야 정신도 바르게 된다.

　수업시간 내내 만점 자세를 취하기 위해서는 의지를 가지고 주의를 기울여야만 한다. 만점 자세는 수업시간에 대한 학생의 의지를 반영한다. 같은 시간, 같은 수업 내용을 듣지만 학생들의 이해도와 성취도는 각기 다르다. 즉 만점 자세는 동일한 조건 내에서 학습효과의 차이를 가져다주는 요인 중 하나다.

오랜 시간 앉아 있는 학생들에겐 신체 건강상의 이유로도 만점 자세가 필수적이다. 등, 허리가 굽은 채로 장시간 앉아 있으면 척추에 무리가 가고 어깨와 등의 긴장도도 높아지며 이에 따라 쉽게 피로해질 수 있다. 따라서 만점 자세는 최고 컨디션의 신체와 정신 상태로 최고의 학습효과를 내기 위한 기본자세이므로 수업시간 내내 유지하도록 노력하자.

수업을 성공으로 이끄는 수업 듣기

학생들은 많은 시간을 어디에 사용할까? 바로 학교 수업이다. 그렇다면 수업은 왜 들을까? 수업을 듣는 이유는 혼자 모든 것을 이해하는 것보다는 선생님의 자세한 설명을 듣는 것이 훨씬 더 이해가 잘되기 때문이다. 학습 내용이 어려울수록 더욱 그렇다. 만약 학교 수업시간에 집중하지 않으면 수업 후 혼자 공부를 할 때 약 5배의 힘과 시간을 더 사용하기 때문에 지치고 피곤해진다.

물론 학원이나 과외를 통해 미리 선행학습을 하면 수월할 수 있다. 그러나 정작 공부의 핵심은 반복과 확실한 이해에 있다는 것을 기억해야 된다. 한 번 이해했다고 해서 그 내용이 100% 정확하게 머릿속에 저장되는 것은 아니기 때문이다.

공부의 핵심이 완벽한 이해와 암기의 반복이라는 점을 인식한다면 결국 이해하고 깨달아가는 과정은 좋은 태도 없이 이루어질 수 없을 것이다.

'왜'라는 질문을 갖고 수업 참가하기

질문의 수준은 질문하는 사람의 수준과 같다. 질문은 내용에 대한 이해가 있어야만 할 수 있다. 공신들은 예습할 때 궁금했던 내용을 가지고 수업에 참여한다. 자신이 궁금해하는 것을 선생님이 어떻게 설명하는지 비교하며 수업을 듣기 때문에 딴짓을 할 수가 없다. 수업 때 설명이 충분하지 않으면 노트에 적어두었다가 선생님에게 질문을 하는데, 하루를 넘기지 않는다. 배우려는 의지 없이는 질문도 하지 않기 때문에 질문을 많이 하고 잘 할수록 교사들은 그런 학생들을 수업 태도가 좋다고 여긴다.

노트 필기로 완전 학습

많은 학생이 노트 필기를 부담스러워하는 경향이 있다. 그러나 공부를 효율적으로 하기 위해선 지식을 체계화하는 요령이 필요한데, 그 대표적인 방법이 노트 정리다.

노트 필기를 하는 목적은 단기 기억을 강화시켜 방과후 효과적인 복습을 하기 위해서다. 노트 필기는 수업시간에 집중력을 강화시켜줄 뿐만 아니라 적는 행위를 통해 암기에 도움을 준다. 또한 배우고 익히려는 의지를 강화시켜준다는 점에서 좋은 습관이다. 필기가 지속될수록 점진적으로 수업 성공률 100%를 달성시킬 뿐만 아니라, 수업 태도가 좋은 학생으로 교사들에게 인식될 수 있다.

개념노트를 쓰면 이해력을 높일 수 있다

예습이란 수업시간에 올바른 이해를 하기 위해 미리 공부하는 것을 말한다. 예습을 잘하기 위해서는 개념을 평소에 정리해 두어야 하는데 많은 학생들이 이 당연한 예습을 잘 하지 않는다. 마치 해외여행을 갈 때 해당 국가의 언어를 모르는 상태로 여행하는 것과 같은 이치다.

성공적인 예습을 하고, 수업에 성공하기 위해서는 단어의 뜻을 명확히 이해하고 넘어가는 것이 필수다. 단어의 뜻을 제대로 알지 못하면 의미관계를 파악할 수 없고, 결국 문장의 이해, 문단의 이해, 더 나아가 전체 글도 이해하지 못하게 된다. 그래서 학년이 낮을수록 개념을 분명히 이해해야 독서의 기초가 잡히고, 결국 입시독해에서 실력을 발휘하게 된다.

고등학생들을 대상으로 공신공부법을 가르치다 보면, 독해가 안 되어서 고생하는 친구들이 한둘이 아니다. 그들이 공부를 하면서 내뱉었던 말이 주로 '이럴 줄 알았으면 책 좀 많이 읽을걸' 혹은 '지문 분석 좀 많이 해둘걸'이었다. 학년이 올라갈수록 공부의 양이 점점 많아지니 본인들도 답답한 것이다. 따라서 중학교 1학년부터 고등학교 1학년 때까지는 국·영·수·사·과를 공부하면서 모르는 개념들은 미리 정리한 뒤, 같은 지문을 여러 번 반복해서 분석하는 것이 효과적이다. 직독직해가 될 때까지. 그래서 읽는 족족 이해될 수 있을 정도가되어야 개념을 응용화할 수 있다.

효과적인 예습을 할 수 있도록 개념노트에 대해 소개하고자 한다.

개념노트 샘플

과목	과목명 적기	단원명	단원명 적기	날짜		날짜 적기
개념	내용			반 복 시 스 템		
개념적기	내가 생각하는 개념의 뜻		1	2	3	4	5
	개념의 사전적 정의						
student	사과		1	2	3	4	5
	학생						
school	집		1	2	3	4	5
	학교						
blackboard	검은 배		1	2	3	4	5
	칠판						

		1	2	3	4	5
	반복 시스템	1	2	3	4	5
	5회까지 반복시스템을 활용해 새롭게 알게 된 개념을 암기한다.	1	2	3	4	5

개념노트 예시

과목 :   단원 :   날짜 :   월 /   일

개 념	내 용	반복 시스템

개념노트 작성법

과목칸에 과목명을, 단원명칸엔 단원명을 적는다. 단원에 해당하는 개념이나 어려운 낱말을 적는 것은 자신이 현재 배우는 위치를 파악할 수 있는 이정표다. 날짜를 적는 것도 매우 중요하다. 날짜를 적음으로써 기억을 구조화하기 좋기 때문이다.

개념칸에는 자신이 교과서를 읽으면서 모르는 단어나 어휘를 우선 적는다. 아리송한 단어를 접할 때 바로 적는 것이 좋다.

내용에는 2개의 칸이 있는데 상단에는 자신이 생각하는 개념을 적는다. 그리고 하단에는 사전이 정의하는 개념을 찾아 적는다. 2개를 쓰고 난 뒤 내용을 비교하며 어느 부분이 틀렸는지 살펴보자. 아리송한 상태에서 적은 개념을 갖고 그동안 독해를 했다면 잘못된 방식으로 독해를 하고 있었던 것이다. 정확한 뜻을 가지고 읽기를 할 때 정확한 내용이 눈에 들어온다.

반복 시스템은 주기적으로 5회독을 통해 암기하는 시스템이다. 이것은 앞서 말한 에빙하우스 망각곡선의 원리에 따라 개발된 것으로, 효율성 측면에서 주기적인 반복 학습이 훨씬 효과적이기에 5회독을 권면한다.

이해노트로
이해력을 높인다

복습이란 배운 것을 다시 익혀 저장하는 행위다. 다시 말하면 단기기억에 있는 내용을 장기기억으로 옮기는 과정이다. 복습의 목표는 완벽한 이해와 완벽한 암기를 통해 장기기억에 배운 내용을 저장하는 것이다. 중요한 것은 무엇이 중요하고 중요하지 않은지 구분할 수 있어야 한다는 점이다. 그렇기 때문에 방과후 이해노트를 먼저 작성하는 것이 좋다. 이해노트의 목적은 수업시간에 배웠던 내용 중 기억이 나는 것과 나지 않는 것을 빠르게 구분하는 것이다. 그 과정에서 궁금한 것은 질문으로 만들고 반드시 그날 과목 선생님에게 확인하고 넘어가야 다음 수업을 따라갈 수 있다. 방대한 학습량을 소화시킬 수 있는 최적화된 방법이 이해노트다.

이해노트 샘플

과목	과목 적기	단원명	단원명 적기	날짜	날짜 적기
기억 o		기억 x		이해 x [질문]	
학습한 내용들 중에 기억에 남는 것들을 적는다.		학습한 내용들 중에 기억에 남지 않는 것들을 공부 도구와 교과서를 활용해서 적는다.		기억에 남고 남지 않는 것들 중에서 이해가 되지 않는 것은 질문으로 만든다.	

이해노트 예시

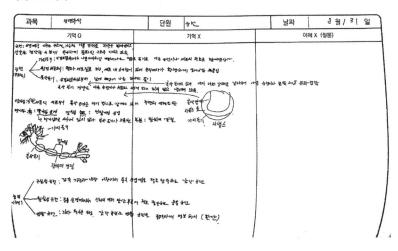

이해노트 작성법

수업 직후 배운 내용을 떠올리며 이해노트 상단에 날짜, 과목, 단원명을 구체적으로 적는다. 이해노트의 맨 왼쪽에 있는 '기억 o' 칸에 기억나는 것을 적는다. 이때 중요한 것 위주로 적는다.

그 다음 수업노트를 보며 '기억 X' 칸에 기억하지 못한 내용을 적는다.

'기억 O'와 '기억 X' 칸을 살펴보며 수업 중 선생님이 중요하다고 강조한 내용이 어느 칸에 있는지 별표시하며 확인한다.

이해하지 못한 내용이 있다면 맨 오른쪽 '이해 X' 칸에 질문을 적는다. 이때 이해하지 못한 내용은 그날 해결하고 넘어갈 수 있도록 한다.

▤ 요약은 공부의 꽃이다

요약은 글의 화제를 찾아 글쓴이의 생각이나 세계관을 심층적으로 이해해 상위 개념으로 간추리는 작업을 말한다. 한마디로 글의 내용을 이해하고 자신의 것으로 만드는 과정이다. 사실 요약 훈련이 잘되어 있는 학생의 경우, 책을 읽기 전 요약하겠다는 마음을 먹고 글을 읽는다. 그렇게 되면 읽는 마음가짐이 다르기 때문에 전과는 다른 결과가 나타난다. 중요한 부분엔 밑줄을 긋거나 자신의 생각을 적기도 하고, 머릿속으로 줄거리를 그리며 중요한 내용을 정리하기도 한다. 궁극적으로 요약은 공부법의 꽃이라고도 하는데, 결국 완벽한 이해와 완벽한 암기 없이는 요약이 되지 않기 때문이다. 그렇다면 우리는 어떻게 요약의 기술을 터득할 수 있을까?

첫째, 글을 세 번 읽는다.

처음에는 눈으로 정독하고, 그다음은 형광펜으로 중요한 부분을 표시해 가며 읽는다. 마지막으로 핵심 내용을 찾으며 읽는다.

둘째, 핵심 내용을 파악해 정리한다.

이때 정리는 상위 개념, 하위 개념을 구분한 다음 상위 개념을 사용해 정리한다. 이때 말로 표현해보면서 자연스럽게 만든다. 예를 들어 '이 문단에서는 이런저런 것에 대해 이야기하고 있고, 이 사람은 이렇게 생각하고 있다' 이 정도만 말로 표현해봐도, 글로 내용을 정리하는 것이 훨씬 쉬워진다.

셋째, 정리한 내용을 논리적 흐름에 맞춰 쓴다.

제일 중요한 것은 정리한 내용을 논리적 흐름에 맞춰 요약해서 쓰는 것이다. 이때 수식어는 최대한 제거하고, 핵심 내용이 두드러지게 구조화하는 연습이 필요하다.

위의 3단계를 적용하기 전, 코치는 학생에게 글의 구조에 대해 설명해줄 필요가 있다.

모든 글은 구조를 이루고 있다. 집도 기둥과 지반으로 나누어져 있듯이 글도 나누어져 있다. 물론 시나 소설은 전개방식이 다르지만 비문학인 논설문이나 설명문은 주제문과 보조문장으로 이루어진다. 보통 중학교 때는 주제문을 중심문장이라 한다. 보조문장은 중심문장을 뒷받침하는 문장이다. 논설문 같은 경우 주장이 있으면 근거가 되는 문장이다.

정원이는 착하다. 정원이는 늘 동생을 예뻐한다. 학교에서 돌아오면 동생이랑 잘 놀아준다. 뿐만 아니라, 엄마의 심부름도 기꺼이 한다.

위의 글은 '정원이는 착하다'라는 문장이 주제문으로, 나머지 문장은 모두 착한 이유를 설명하고 있다. 이처럼 주제문과 보조문장과의 관계를 이해하며 요약을 하면 도움이 된다. 처음에 요약이 잘 되지 않는다면, 다음과 같이 구조화해보자.

상위: 정원이는 착하다.
하위: 정원이는 늘 동생을 예뻐한다.
　　　정원이는 동생이랑 잘 놀아준다.
　　　정원이는 심부름도 기꺼이 한다.

위의 문장이 모여 문단이 되고, 문단이 모여 글이 되는데, 이를 도표화하면 다음과 같다.

글		
단락1	단락2	단락3
주제문1	주제문2	주제문3

각 단락의 주제문 간 종속관계를 따져 병렬구조인지 직렬구조인지 파악해 전체 글의 요지를 파악하는 것이 요약의 핵심 기술이다.

요약에 있어서 가장 기본적인 구조다. 문장의 구조를 파악하면, 그 다음 보이는 것이 문단의 구조다. 문단은 상위 문장과 하위 문장, 혹은 추상적 진술과 구체적 진술, 일반 진술과 상세 진술로 구분된다. 이 부분을 도표로 하면 다음과 같이 표현할 수 있다.

주제문과 보조문장	중요도에 따른 문장
상위 문장과 하위 문장	상하관계에 따른 문장
추상적 진술과 구체적 진술	진술 방법의 특성
일반 진술과 상세 진술	진술의 방향

위의 표를 보면 알 수 있듯이 글을 읽고 이해하고 요약을 하기 위해선 다음 4가지 절차를 지킬 것을 권한다.

- 글의 화제 찾기
- 상하좌우 의미관계 파악하기
- 문단별 요약하기

- 전체 요약하기

처음에는 쉽지 않을 것이다. 그러나 문장을 중심으로 요약하는 연습이 독해의 기초가 된다는 것을 기억했으면 좋겠다. 따라서 코치 역시 학생의 독해 수준을 미리 진단해두면, 어떤 방식과 어떤 과정을 중심으로 코칭을 해야 할지가 선명하게 그려진다.

학생의 독해 실력을 이해하지 못하고 단지 성적표의 성적만 보고 지식을 전달하기 위해 열심을 낸다면, 그것은 그야말로 밑 빠진 독에 물 붓기와 같은 것이다. 요약이 공부법의 꽃이라는 점을 기억하고 지도하길 바란다.

중하위권 고등학생을 위한 SQ3R 기법

1단계: 훑어보기(Survey)

1단계는 책의 전체적인 윤곽을 그려보는 것을 목적으로 한다. 책을 본격적으로 읽기 전 대강의 내용을 이해하고자 목차, 주요 도입부, 뚜렷하거나 이탤릭체로 표기된 첫 번째 혹은 마지막 문단, 반복되는 단어, 그림, 도표 등에 주의하며 살펴본다. 별도의 요약본이 있다면 전체 내용에 대한 대충의 흐름을 알기 위해 읽어야 한다.

2단계: 질문하기(Question)

제목들을 질문으로 바꾸어 본다. 예를 들어 제목이 '조선시대 법의 종류'라면 '조선시대 법에는 어떤 것들이 있는가'를 질문으로 만들면 된다. 만약 '공신들의 공부법'이 제목이라면 '공신들의 공부법이란 무엇인가'를 질문으로 만들면 된다. 질문을 만들면 자신이 공부하고자 하는 책에서 무엇을 배우려고 하는지가 분명해진다. 책을 읽고 나서 자신의 질문에 대한 대답 여부에 따라 제대로 책을 읽고 있는지를 확인할 수 있다.

3단계: 정독하기(Reading)

2단계까지 거치고 난 후에는 말 그대로 책을 읽는다. 다만 자신이 만들어본 질문들에 대한 답을 달 수 있을 때까지 반복해서 읽어가야 한다. 때로는 읽으면서 질문에 대한 답을 얻기보다 새로운 질문들로 인해 더 많은 질문들이 만들어질 수 있다. 하지만 실망할 필요는 없다. 질문이 만들어진다는 것은 적극적으로 책을 읽고 있다는 것을 암시한다. 대답에 필요한 시간이 늘어나는 만큼 아는 양이 급격하게 늘어날 것이다.

4단계: 되새기기(Recite)

질문에 답을 할 수 있게 되었다면 이제는 책을 보지 않은 상태에서 말로 설명해본다. 책을 읽는다는 것은 단순히 내용을 이해하거나 책의 내용을 있는 그대로 기억하는 것을 의미하지 않는다. 자신만의 언어나 체계를 통해 받아들여야 비로소 내재화되어 자신이 필요한 순간에 유용하게 사용할 수 있다.

하나의 질문에 대해 자신만의 언어와 방식으로 설명이 가능해졌다면 다음 질문에 대답하기 위해 2단계에서 4단계를 반복한다.

5단계: 검토하기(Review)

책을 다 읽고 난 후에 다시 질문에 대한 대답을 반복해본다. 만약 기억나지 않는다면 정확하게 기억할 수 있도록 반복한다. 이때는 최대한 책을 보지 않고 자신의 기억을 더듬으면서 대답하려고 노력해야 보다 효과적이다.

◎

SQ3R 독서법의 효과와 유의점

학생이나 학부모와 상담하다 보면 가끔씩 "책은 많이 읽는데 국어 성적이 잘 안 나온다" "공부하는 시간은 많은데 성적이 안 오른다"라고 호소하는 경우가 있다. SQ3R 독서법은 바로 이런 문제가 있는 학생들에게 도움이 될 수 있다.

이 중에서 특히 중요한 것은 훑어보기와 질문하기 단계다. 훑어보면서 글 전체를 예측하고, 질문을 통해 핵심을 찾는 방법으로 글을 지속적으로 읽으면 글을 읽는 속도가 향상되고, 주제를 찾는 능력이 향상된다. 이렇게 접근하는 학생들의 경우 읽기 능력의 향상 속도가 투자한 시간에 비해 빠르다. 반면, 그냥 책을 많이 읽는 학생들의 경우에는 많이 읽지만 발전 속도가 더딜 수 있다.

SQ3R 독서법을 지도할 때는 학생들의 읽기 능력이 천차만별이라는 점을 고려해야 된다. 주어진 글을 빠르고 정확하게 이해할 수 있는 학생이 있는 반면, 내용 파악도 제대로 못하는 학생도 있다. 따라서 읽기 능력이 우수한 학생들은 비판적 읽기나 다른 지문과 연결해서 읽는 연습에 중점을 두고, 읽기 능력이 부족한 학생들은 SQ3R 의 단계에 따라 독서량을 늘리는 방법에 중점을 둬야 한다.

Chapter 5

질문과 호기심 :
구체적인 질문은
공부 의욕을
높인다

구체적인 질문은
호기심을 깨운다

　　학교 컨설팅을 나가 학생들에게 공신공부법을 교육해보면, 두 그룹으로 나누어진다. 호기심을 가지고 질문하는 학생과 조용히 수업이 끝나기만을 기다리는 학생. 미국 교수들이 한국의 교실 수업문화를 보면서 지적했던 것 중 하나가 왜 한국의 중고등학생들은 수업시간에 질문을 하지 않느냐. 그 정도로 우리나라 교실문화에서 질문하는 학생은 학생들 사이에서도 신기한 친구 혹은 공부 좀 하는 친구로 인식되는 것 같다.

　　공신공부법코칭으로 학생들을 지도할 때 코치는 보통 60% 이상 질문을 한다. 학생에게 질문을 하는 이유는 학생 스스로 생각하게 만들고 그들의 호기심을 일깨우기 위함이다. 처음에 학생이 아무런 대답도 못 하고 머뭇거리더라도 코치는 많은 인내심을 갖고 기다리는 것이 필요하다. 코치가 기다리는 동안 학생들은 깊은 생각을 하고 난 뒤답을 말한다. 3개월 정도 코치의 질문과 학생의 답이 오고 가면서 생각이 확장되는 것을 경험한다.

여기서 우리가 주목해야 할 것은 바로 질문의 수준이다. 질문의 수준에 따라 학생들이 호기심을 갖기도 하고 오히려 의욕을 상실하기도한다. 기본적으로 질문을 어떻게 하느냐에 따라 학생들의 잠재 능력을 깨워주기도 하고 상당히 기분 나쁜 관계로 발전할 수도 있다.

그렇다면 어떤 질문을 어떻게 해야 학생들의 지적 욕구를 자극하고호기심을 유발할 수 있을까? 호기심을 키우려는 질문을 하기 위해선우선 질문이 가지고 있는 특징을 이해해야 한다.

첫째, 우리 뇌는 질문을 받게 되면 답을 찾아간다.

뜨거운 물체를 만지면 손을 움츠리고 자신도 모르게 큰소리를 내는것처럼 질문을 받게 되면 우리 뇌는 무조건 반사적으로 해답을 찾아간다. 설령 그 자리에서 답을 하지 않아도 생각을 지속적으로 자극하는 질문이라면 그 질문은 뇌리에서 떠나지 않는다.

둘째, 좋은 질문을 하려면 분명한 의도를 가져야 된다.

듣는 사람이 잘 이해하지 못했다고 하면서 다시 질문해 달라는 경우가 있는데, 이는 질문이 분명하지 않기 때문이다. 질문하는 사람은 질문을 통해 자신이 얻고 싶은 게 무엇인지 명확해야 한다. 자신이 얻고 싶은 것이 무엇인지 명확하지 않은 상태에서 질문을 하게 되면, 지적 욕구가 떨어질 수 있다.

셋째, 구체적인 질문으로 지적 욕구를 자극한다.

만약 질문자가 구체적인 답을 얻기 원한다면, 모호한 질문이 아닌 구체적인 질문을 해야 된다. 일반적으로 '오늘 수학 어땠니?'와 같이 질문하는데, 이를 좀 더 구체적으로 하면 '오늘 수학의 어떤 단원을 배웠니?'로 표현할 수 있다. 그리고 '오늘 배운 수학의 단원에서 가장 어려웠던 것 3가지는 무엇이니?'와 같이 더 구체화해 지적 욕구를 자극할 수 있다. 구체적으로 질문해야 학생들도 생각을 정리해 말로 표현할 수 있다. 반면 질문이 모호하면 할수록 오히려 질문한 사람에 대한 신뢰가 떨어져 관계마저 악화될 수 있다.

넷째, 열린 질문으로 생각을 확장시킨다.

보통 질문에는 폐쇄형 질문과 열린 질문이 있다. 열린 질문은 언제, 어디서, 누가, 무엇을 등과 같이 의문사를 활용한 질문들이다. '어떻게 그런 생각을 하게 되었어?' '무엇이 그런 생각을 하게 만들었니?' '언제 그 생각이 떠올랐어?' 등과 같은 질문은 생각을 확장시키고, 말하는 사람으로 하여금 에너지를 높이게 만든다.

폐쇄형 질문은 '왜'라는 의문사를 사용하는 것이다. 폐쇄형 질문은 정말 관계가 가깝거나 진리 발견을 원할 때 '왜 그렇지?'라는 식으로 사용될 수 있다. 문제의 근원에 접근하는 데 매우 큰 도움이 될 뿐만 아니라, 문제를 바라보는 관점도 바꿀 수 있도록 돕기 때문에 적기에 사용하는 것이 중요하다.

지금까지 4가지 질문의 특징을 살펴보았다. 공신공부법코치는 이를 토대로 학생과 교과 주제를 가지고 대화하는 것이 좋다. 처음에는 학생에게 질문을 하고 학생이 답을 하지만, 공신공부법코칭을 하다 보면 학생도 질문하는 방법들을 코치에게 배우면서 셀프 코칭하는 능력을 갖게 된다.

학생 스스로 셀프 코칭을 할 시점에서 코치가 염두에 둘 것이 있다. 그것은 학생 스스로 자기 자신에게 끊임없이 질문토록 해 호기심을 되찾게 하는 것이다. '나에게 공부란 어떤 의미가 있는 것이지?' '내가 이 문제를 푸는 데 무엇을 놓친 것이지?' 등과 같이 자기 자신에게 하는 질문은 결국 학생 내면을 다지도록 해 공부의 의미를 보다 긍정적으로 바꾸게 한다.

질문은 비판적
사고 능력을 키우는 열쇠다

비판적 사고는 어떤 사물을 비교해 공통점과 차이점을 찾아 옳고 그름을 분별하는 능력이다. 수업에서 비판적 사고 능력이 중요한 이유는 옳고 그름을 구분해야 깨달음이 생기기 때문이다. 그래서 공부의 원뜻을 살펴보면 이치를 깨달아 아는 경지라고 했다. 즉 공부란 깨닫는 행위다.

깨달음이 있는 공부는 학습 몰입감을 더해줄 뿐만 아니라, 모르는 것을 알아가는 기쁨을 맛볼 수 있도록 도와준다. 모르는 것을 알아가는 기쁨은 공부에 의미를 더해 자신만의 공부 이유를 갖도록 해준다. 이런 특징 때문에서라도 깨달음이 있는 공부를 할 수 있도록 노력해야 되는데, 그 첫 번째 방법이 바로 깨달음을 위한 시스템을 갖추는 것이다.

깨달음을 위한 시스템은 수업 전 예습을 하면서 궁금한 부분과 미리 배울 내용을 공부해 가는 것이다. 미리 배울 내용을 공부하면서 궁금한 내용을 질문노트에 작성한 뒤 수업에 참여하면 된다. 그리고 자신이 준비한 질문 내용에 대해 선생님이 어떻게 설명하는지 비교해보겠다는 자세로 수업에 임하는 것이 좋다.

자신이 준비해 간 질문 내용과 선생님의 수업 내용을 비교하며 수업을 들을 때 비판적 사고 능력이 생긴다. 만약 수업 중 질문 내용에 대한 답변이 미흡하다고 판단되면, 휴식시간에 선생님을 찾아가 질문 내용에 대해 다시 물어보고 궁금한 내용을 해결하면 된다.

이런 행동이 반복되면 될수록 학생들은 수업에 참가하는 재미를 느끼게 되고, 끊임없는 비판적 사고 능력이 계발되면서 공부 성취감을 얻게 된다.

수업시간에 집중할 수 있는 비결, 질문

수업시간에 집중이 잘 되지 않는 학생이 있었다. 이 상하게 선생님이 설명하면 눈이 칠판에 가기보단 앞 친구에게 가거나 공상을 하는 경우가 허다한 학생이었다. 물론 담당 과목 선생님에게 몇 번이고 지적받았으나 쉽게 고쳐지지 않았다. 만나서 이야기해보니, 자신은 친구들과 이야기할 때에도 관심이 없으면 시선이 다른 곳에 머문다고 했다.

'무엇 때문에 그런 행동을 할까?' 하고 성격 유형검사를 해보니 전형적인 '진리 탐구형'이었다. 이 유형들은 반복하는 것을 매우 싫어하고, 가르치는 사람이 같은 내용을 반복하면 금세 지루함을 느낀다. 그것이 관계든 학습 내용이든, 반복은 이 학생을 지루하게 만들었다.

그래서 수업 전 궁금한 내용에 대해 미리 질문을 만들어 갈 것을 권했고, 선생님이 어떤 설명을 하면 '왜 그렇지?'라고 반문하며, 수업을 들을 것을 권했다. 논리적인 설명과 이유가 중요한 유형이기 때문에 수업에 집중할 수 있도록 질문을 구조화하도록 주문했다. 예를 들어 "후삼국 시대에 태봉의 궁예가 결속력을 다진 이유는 지방 호족들에게 매력적이었기 때문이다"라고 선생님이 설명하면, '왜 그렇지?'라고 질문하면서 자신의 생각을 옆에 적어 놓고, 자신의 이유와 선생님의 이유를 비교해보는 것이다.

이렇게 비교를 하다 보면 수업에 집중할 수밖에 없고, 호기심이 꼬리에 꼬리를 물어 공부의 즐거움을 맛보게 되는 것이다. 그렇다면 수업에 집중하기 좋은 질문들엔 어떤 것이 있을까?

- 오늘 수업에서 가장 중요한 핵심 내용은 무엇인가?
- 오늘 수업에서 가장 중요한 개념은 무엇인가?
- 내가 알아본 A와 선생님이 말씀하는 B에는 어떤 차이가 있는가?
- 선생님이 저렇게 설명하는 이유는 무엇인가?
- 여기서 중요한 것은 무엇인가?
- 선생님이 강조하는 것을 어떻게 알 수 있는가?

위 질문들의 예시를 살펴보면 핵심 개념을 찾기 위한 것과 선생님의 의도를 파악하기 위한 것들이다. 모두 학생이 수업시간에 집중할 수 있도록 돕는 질문들로, 오늘부터 당장 사용해봐도 좋을 것이다.

수업노트를 쓰면
수업에 성공한다

수업이란 학습을 촉진시키는 모든 활동을 말한다. 수업을 받는 학생은 배운 것을 잘 이해할 수 있도록 필기를 하는 것이 중요하다. 이해를 잘해야 암기도 되기 때문이다. 이해가 되지 않는데 안 외워진다고 하소연하는 것은 도움이 안 된다. 수업의 목표는 단기기억에 수업 내용을 효과적으로 저장하는 것이다. 이는 노트 필기의 목적이기도 하다.

공신들은 늘 자신만의 수업노트가 있다. 물론 교과서와 프린트물만을 가지고 강의하는 선생님들의 수업시간에는 필기 위주보다 직접적으로 교과서나 요약된 프린트물을 사용한다. 그러다 보니 학생들은 군이 필기를 할 필요가 없다고 생각하는데 이는 잘못된 생각이다. 엄연히 프린트물의 언어는 선생님의 언어이지 학생의 언어가 아니기 때문이다. 반드시 수업 이후에 자신만의 글로 요약정리를 노트에 해야만 단기기억에 도움이 된다.

수업노트 샘플

과목		단원명	
학습 목표			

①수업 내용	②핵심 개념
방법 : 수업 내용을 적는다. 중요 개념→ 설명→근거를 쓴다.	상위 개념 3가지를 기록한다.
선생님이 어떤 부분에서 강조하는지 관찰한다.	
자신만의 체계로 기록하고 내용의 구조화를 위해 들여쓰기를 한다.	
필기구 활용:	
검은 펜 – 일반적인 내용 필기	
빨간 펜 – 선생님이 강조한 내용 표시(1차 복습)	
형광펜 – 핵심 개념 강조한 내용 표시(2차 복습)	
여백을 두면서 필기를 하면 복습할 때 보기가 편하다.	

③요약정리	④핵심 질문
핵심 개념을 바탕으로 요약한 내용을 한두 줄로 정리한다. 시각화가 필요하면 개념 얼개 방식으로 표현하는 것이 좋다.	상위 개념을 중심으로 질문을 만들고 스스로 답한다. 예) 개념 이해 노트의 사용 방법은 무엇인가?

수업노트 예시

과목	세계지리	단원 명	민족의 구분과 언어의 전파
단원 목표		민족의 개념을 이해하고 민족과 언어의 연관성을 파악한다.	

수업 내용	핵심 개념
대서양~사람들이 라틴 아메리카로 진출 (라틴 유럽 영향) → 라틴 아메리카에서 에스파냐어 사용 (포르투갈 브라질 단지 않음)	1. 중국어
문화적 구분 - 앵글로 아메리카 라틴 아메리카	2. 에스파냐어
영어 - 유럽 영향력 확산과 함께 세계적으로 넓게 분포	3. 영어
아랍어 - 이슬람 교도의 확산과 함께 전파	4. 아랍어
힌디어 - 인도에서 많이 사용 인도 - 주 단위로 공용어 선함(약 300여개)	5. 힌디어
- 인도 언어 - 네어 카드 사용 -	
게르만 족 - 북서부 위럽	게르만 족 - 북서럽, 유럽
라틴 족 - 남부 유럽 (포르투갈, 에스파냐, 프랑스)	라틴 족 - 남부유럽 (포르투갈, 에스파냐, 프랑스)
슬라브 족 - 러시아, 동유럽 대부분 (우크라이나, 폴란드, 체코, 슬로바키아)'받는 반도)	슬라브족 - 러시아, 동부 유럽
누랄 족 - 헝가리(마자르 족), 핀란드 (핀족) } 유럽에 속 아시아계 나라	우랄 족 - 헝가리(마자르족) - 핀란드(핀족)
아시아계 성향의 족 - 문화의 섬	
문화적으로 주변과 차이남	

요약 정리	핵심 질문
〈세계의 언어별 사용자 순위〉	〈유럽의 주요 민족〉
1. 중국어	1. 게르만 족 - 북서부 유럽 - 개신교
2. 에스파냐어 - 라틴 아메리카가 진출	2. 라틴 족 - 남부 유럽 - 카톨릭교
3. 영어 - 유럽 영향력 확산에 따른 전파	3. 슬라브 족 - 러시아, 동부 유럽 - 그리스 정교 (동방정교회)
4. 아랍어 - 이슬람 교도의 확산에 따른 전파	4. 우랄 족 - 헝가리(마자르족) - 문화의 섬
5. 힌디어	- 핀란드(핀 족)
	5. 루마니아족 (루마니아)

수업노트 작성법

과목명, 단원, 학습 목표를 해당 칸에 적는다. 무엇보다 중요한 것은 수업 내용을 적되 선생님이 강조하는 부분을 적는 것이다. 수업을 다 듣고 난 뒤에는 핵심 개념칸에 내용을 압축한 키워드를 적는다.

요약정리 부분에는 압축한 키워드를 중심으로 배운 내용을 자신의 언어로 요약한다. 한두 문장이면 적당하며, 쉬는 시간을 활용하는 것이 좋다.

핵심 질문칸에는 수업 도중 궁금한 것을 질문화해 적어 놓고, 쉬는 시간을 이용해 담당 과목 선생님에게 반드시 물어본다.

노트 필기 노하우

> 1단계: 왼쪽 칸에 수업 내용 정리하기
> 2단계: 오른쪽 칸에 핵심 단어 정리하기
> 3단계: ★, ◎ 등의 기호를 사용해 중요한 내용 및 선생님이 강조한 내용 표시하기
> 4단계: 요약정리칸에 핵심 단어를 중심으로 한두 문장으로 요약하기

수업 후에는 다음의 3가지에 집중할 것을 권한다.

첫째, 수업 직후 3분을 활용한다. 수업시간 중 선생님이 중요하다고 강조한 내용을 다시 한 번 읽으면서 노트에 중요 표시가 되어 있는 핵심 단어를 보고 머릿속으로 암송한다. 이해가 가지 않는 것이 있다면 수업이 끝난 직후에 선생님에게 질문한다.

둘째, 24시간 내에 재복습한다. 심리학자 에빙하우스는 인간은 자신이 배운 내용을 하루, 즉 24시간 안에 70% 이상 잊어버리게 된다고 했다. 따라서 그날 배운 내용을 수업 후 3분과 더불어 24시간 내에 다시 복습하면 내용을 잊어버리지 않고 절반 이상을 머릿속에 저장할 수 있다. 이것이 공신들이 가장 많이 실천하는 부분이다.

셋째, 수업노트를 활용해 복습한다. 가장 먼저 수업노트와 교과서를 보면서 그날 배운 내용을 이해한 후 중요한 내용을 암송한다. 키워드만 보고 수업 내용을 설명할 수 있어야 한다.

공신공부법코칭 질문

▶ **어떤 상황에서도 응용 가능한 필수 문장**

: 너는 어떻게 생각하니?

: 어떻게 하면 좋겠다고 생각하니?

▶ **인사 대신 한마디 말을 걸어보고 싶을 때**

: 컨디션은 어때?

▶ **이야기하고 싶은 것이 있을 때**

: 잠깐 그 건에 관해 이야기하고 싶은데 괜찮을까?

: 바쁜 건 알지만, 잠깐 이야기하고 싶은데 부탁해도 될까?

: 너에게 기대하는 바가 있어 꼭 이야기해보고 싶은데 괜찮을까?

▶ **같이 생각해보고 싶을 때**

: 이 상황을 개선하려면 무엇을 해야 할까?

: 둘이서 생각이 떠오르는 대로 아이디어를 내볼까?

▶ **상대의 의견과 솔직한 마음을 계속 끌어내고 싶을 때**

: 언제부터 그런 것을 생각하고 있었지?

: 지금 집중해서 할 수 있는 방법은 무엇이 있을까?

: 어떤 방법이 좋을 것 같니?

: 잘 되고 있지 않은 부분은 무엇이니?

▶ **조언하고 싶을 때**

: 이런 식으로 생각해보는 것은 어때?

: ~라는 건 어때?

▶ **상대가 낸 해결책에 대해 스스로가 생각해보게 하고 싶을 때**

: 30점 올리기 위해서는 무엇을 해야 될까?

▶ **이전부터 생각하고 있던 점을 피드백하고 싶을 때**

: 이렇게 하는 일이 옳은 것이니?

▶ **강점을 최대한 살리고 싶을 때**

: 지금의 상태에서 네가 능력을 발휘할 수 있는 방법으로는 어떤 것이 있다고 생각하니?

: 나는 너의 이런 부분이 강점이라고 생각하는데, 그것을 살릴 수 없을까?

▶ **질책할 때**

: 지금의 상태로 과연 목표를 달성할 수 있을까?

: 진정한 의미에서 자기 자신을 위한다면 지금 무엇을 하면 좋겠다고 생각하니?

: 10년 후의 자신이 지금의 자신을 본다면 뭐라고 말할 것 같니?

▶ **문제점의 명확화**

: 오늘 문제풀이가 별로였던 것 같은데, 어떻게 생각하니?

: 기대에 미치지 못한 원인으로 생각나는 것이 있니?

: 어느 정도 부족했다고 생각하니?

▶ **브레인스토밍**

: 우선 전부 도출해볼까?

▶ **좁혀 나가기**

: 그러면 지금 낸 것들을 3가지로 정리해볼까?

: 그 가운데 가장 중요한 하나를 골라 볼래?

▶ **가능성의 확대**

: 시간의 제약을 생각하지 않는다면 어떻게 완성할 수 있을까?

▶ **대결**

: 그것을 달성하고 싶다는 강한 의지는 있니?

: 이야기를 듣고 있으면 좀 더 노력할 수 있는 부분이 있는 것처럼 들리는
데, 어떻니?

▶ **목표의 명확화**

: 지금까지 이런 목표를 세우는 것으로 대화가 잘 이루어진 것 같은데, 어
떻게 생각해?

: 이 문제에 대해 대화를 계속 나누고 싶은데 괜찮니?

Chapter 6

암기와 시험 :
공신들의
암기전략으로
시험을 준비한다

공신들이 사용했던 암기전략 3가지

    공신들마다 암기전략이 다르지만 기본적으로 그들은 암기 전 이해하는 데 집중했다. 즉 이해가 안 되면, 외워지지 않았던 것이다. 사실 전략이라고 할 것도 없는 것이 이해가 되어야 암기가 되는 것인데, 이를 모르는 몇몇 중고등학생들은 자신의 머리 탓을 했다. 그런데 그럴 필요가 없다. 암기 전 이해하려는 의지를 갖고 학습 내용을 이해한 뒤 암기할 것을 권한다.

    그렇다면 공신들이 사용했던 암기전략은 주로 어떤 것들이었을까?

    첫째, 이해를 위해 5회독한다. 5회독은 교과서 내용을 우선 다섯 번 바르게 읽고 이해했음을 의미한다. 특히 형광펜이나 빨간 펜 등을 사용해 5회독을 해 암기 효과를 높였다. 처음 읽을 때는 전체 흐름을 생각하며 아무 표시도 하지 않고 읽어 나간다. 읽다가 중요한 개념어를 형광펜으로 칠하고 그에 대한 설명에는 빨간 펜으로 밑줄을 친다. 개념을 보면서 설명을 떠올려 보고, 다시 설명을 보면서 개념을 떠올리며 암기해 나간다. 마지막으로 한 번 더 전체를 정독한다.

둘째, 읽은 내용을 표로 정리하거나 짜임새 있게 얼개화한다. 표나 얼개로 구조화할 수 있다는 것은 암기할 내용의 유사점과 차이점을 구분할 수 있다는 얘기다. 아무리 많은 양의 지문을 읽는다 하더라도 비교분석을 할 수 있다면 표나 얼개로 구조화하는 것은 그리 어려운 일이 아니다.

셋째, 구조화한 자료를 가지고 소리를 내어 외우거나 스토리를 붙여 암기한다. 보통 많은 학생이 공신들의 암기법을 따라 하는데, 잘 안 되고 자신과는 맞지 않는다고 하는 이유는 암기 전 이해를 먼저 하지 않았기 때문이다.

많은 학생들이 암기 과목이라고 생각하는 역사 과목을 예로 들겠다. 역사를 보통 암기 과목으로 치부하는 학생들이 정말 많은데, 시대적 흐름을 이해하지 못하고서는 절대 암기할 수 없는 과목이 역사다. 역사를 공부하려면 과거 우리 조상들이 살았던 당시의 정치 환경, 경제제도, 풍습, 문화, 예술 등 사회적 요소들이 서로 어떻게 관계를 맺고 지금까지 시대적 흐름을 따라 왔는지 인물을 중심으로 관련 지식을 먼저 이해해야 한다.

이해가 되었다면, 역사적 사건을 '5W1H'에 맞춰 요약정리를 해야 완벽한 암기가 된다. Who(누가), When(언제), Where(어디서), What(무엇을), Why(왜), How(어떻게)를 충실히 따라가면서 정리한다면 헷갈릴 염려도 없다. 예를 들어 '삼국 통일'에 대해 정리하면 다음과 같다.

When	676년
Who	신라 나당 연합군
Where	사비성→ 평양성→ 기벌포
What	삼국 통일
Why	고구려, 백제의 압력에 시달리던 신라가 대당 외교 추진, 당과 연합함 고구려와 백제는 이미 내부 정치 질서가 문란, 지배층의 향락 생활로 쇠퇴 위기
How	백제 사비성 함락→ 고구려 평양성 함락→ 금강 하구 당 수군 섬멸, 당 세력 추출 → 삼국 통일 완성

위 표의 내용들은 역사 교과서를 읽으면서 5W1H에 맞춰 얼개화한 것이다. 누구나 쉽게 이해할 수 있고 기억하기 쉽다. 이것은 비단 역사 과목에만 해당되는 것이 아니라 국어, 영어, 과탐에도 모두 적용 가능하다. 결국 암기란 이해한 것을 요약하고 외우는 것임을 잊지 말자.

상위권으로 올라간 학생들의 암기비결 3가지

중하위권에 있는 학생들에게 공신공부법코칭을 해보니 성적이 향상된 몇 가지 방법이 있었다. 그중에서도 가장 빠르고 정확하게 학생들을 변화시킨 기술은 단연 '백지테스트'와 '가르쳐보기', 그리고 '예상문제 뽑고 풀어보기'였다. 이 3가지 기술의 특징은 메타인지 능력을 키워줄 뿐만 아니라, 학생 스스로 발전하고 있다고 느끼게 해준다는 점이다. 또한 지속적으로 성적이 상승곡선을 타게 만들어 결국 상위권 진입을 하게 만드는데, 여기엔 단순한 기억전략 3단계가 적용된다.

우선 기억에는 단기기억과 장기기억이 있다. 단기기억은 기억하려고 노력했음에도 불구하고 짧은 시간 안에 쉽게 잊어버리게 되는 것을 말한다. 반면 별로 기억하고 싶지 않은 내용인데 전혀 잊히지 않는 장기기억이 있다. 장기기억은 우리 머릿속에 정확하게 저장되어서 우리가 불러내고 싶을 때 언제든지 불러 낼 수 있는 기억이다. 공부를 하는 우리의 과제는 효과적인 암기전략을 통해 단기기억을 장기기억으로 바꾸는 것이다.

기억의 단계는 '1단계: 받아들이기' '2단계: 저장하기' '3단계: 출력하기'로 이루어진다.

1단계는 수업시간이나 스스로 공부하는 시간을 통해 자신이 공부한 내용이 '머릿속으로 들어오는 단계'다. 보통 기억하고자 하는 내용에 대한 주의를 기울이면 집중과 이해를 통해 저장된다.

2단계는 1단계를 통해 '받아들인 정보를 머릿속에 저장하는 단계'다. 대부분의 사람은 하루가 지나면 1단계에서 받아들인 내용의 50% 이상을 기억하지 못한다. 따라서 2단계에서 기억을 오래 유지하기 위한 전략들이 필요하다.

3단계는 1단계와 2단계를 통해 머릿속에 저장된 내용들을 시험이나 수행 평가 시 '불러오는 출력 단계'다. 앞의 두 단계를 제대로 이행했다면 비교적 쉽게 출력이 된다.

이러한 기억의 3단계를 제대로 적용한 것이 바로 백지테스트, 가르쳐보기, 예상문제 뽑기다.

백지테스트

실제로 백지테스트는 전교 1등부터 꼴등까지 누구나 쉽게 바로 사용해볼 수 있는 좋은 기술이다. 백지테스트를 통해 성적이 향상된 학생이 한둘이 아니다. 백지테스트는 말 그대로 하얀 종이 한 장에 좀 전에 배웠던 주요 과목 단원 하나를 정해 기억에 남는 것을 적어보는 것이다.

적어보면 그 효과가 엄청나다. 대다수 중요한 것을 기억해 장기기억에 저장시켜 두어야 하는데, 테스트해보면 중요하지 않은 개념을

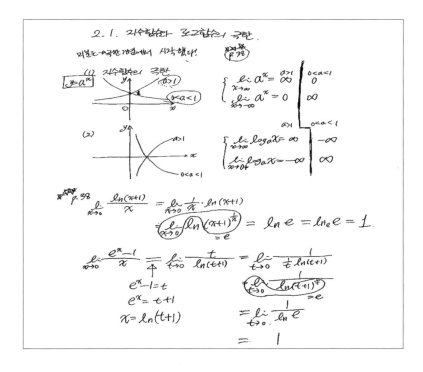

기억하는 학생들이 많았다. 백지테스트를 해본 학생들은 자신이 알고 있다고 말한 것과 실제 써본 것 사이에 괴리감을 심하게 겪었고, 다시 마음먹고 공부하겠다고 고백하기도 했다. 이 백지테스트를 구조화해 만든 것이 바로 이해노트다.

가르쳐보기

누군가를 가르쳐보는 것은 자신의 학습 능력을 파악하는 계기가 된다. 학교 현장에서 고등학생들을 대상으로 가르쳐보기 실험을 해본 적이 있다. 학생들에게 이미 앞 시간에 배운 수학 교과서의 '원과 직선의 방정식' 단원을 선생님이 되어 또래 친구들에게 가르칠 준비를 20분 동안 하도록 했다. 20분 뒤 칠판 앞에 나와 실제 친구들에게 가르쳐보기를 시켜보니 같은 내용임에도 서로 다르게 해석하고 있다는 것을 발견했다. 참가했던 학생들 모두 신기해하며 박장대소했다. 자신이 잘못 알고 있는 것이 무엇인지 알게 된 것이다. 잘못된 것이 무엇인지 알게 되니, 야자시간에 무엇을 집중적으로 공부해야 할지 알게 되어 시행착오를 줄일 수 있게 되었다.

이렇듯 누군가를 가르쳐본다는 것은 결국 자신의 학습 능력을 깨닫는 계기가 되는 것이고, 이는 곧 학습에 흥미를 갖는 데 동력이 된다.

예상문제 뽑고 풀어보기

예상문제를 뽑고 풀어보는 것은 시험 성공의 최고 방법이다. 시험을 한 주 앞두고 학생들이 완전 학습이 되었다고 판단되면, 함께 공부하는 학생들끼리 예상문제 20문항씩 뽑으라고 한다. 이때 좋은 문제의 기준을 알려준 뒤 문제를 만들도록 지시한다. 3명이면 60문항이 되는데, 이 60문항을 놓고 학생들끼리 토론을 통해 고르고 골라 25문항으로 압축시킨다. 그리고 각자 문제를 풀게 하고, 다시 정답을 맞히기 위해 토론을 시킨다. 각자 문제를 풀고 난 뒤 다시 오답을 함께 풀어보는 과정을 반복한다. 며칠 뒤 실제 시험을 보면, 참가 학생 대다수가 최소 80점 이상을 받는다. 집단지성의 힘이다. 이 방법은 중하위권부터 상위권까지 모두 적용 가능한데 상위권에 들어간 많은 학생들이 이 방법을 선호했다. 바로 실천해보길 바란다. 암기와 시험을 잡는 최고의 방법이다.

암기노트를 쓰면 암기력을 높일 수 있다

　　이해노트가 주중에 사용하는 복습노트라고 한다면 암기노트는 주말에 사용하는 복습노트이자 시험전략노트다. 완벽한 암기가 되기 위해서는 주중에 배운 내용을 주말에 종이 한 장으로 요약정리를 해야 된다. 이를 단권화라고 하는데, 이것이 공부법의 꽃이다. 방대한 학습의 양을 제대로 이해하고 핵심을 파악하는 능력이 있어야 단권화를 할 수 있기 때문이다.

　　암기노트를 사용하려면 기본적으로 개념노트와 수업노트, 이해노트가 미리 작성되어 있어야만 한다. 암기노트를 주로 사용하는 시간은 주말 토요일 오전 9시부터 낮 12시까지다. 물론 단권화시키는 데는 학생들마다 시간 차이가 있을 것이다. 그러나 꾸준히 암기노트를

암기노트 예시

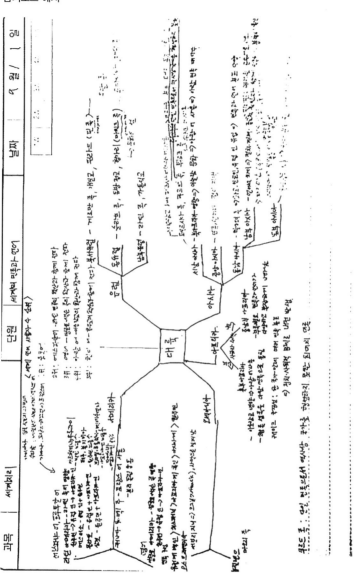

쓰다 보면 시간이 점차 50%씩 줄어든다. 그럼에도 불구하고 어떤 학생들은 자신에게 맞지 않는다며 몇 번 쓰다가 그만두는 경우가 있다. 그러나 꾸준히 6개월은 써보길 권한다. 이는 마치 운전면허학원에서 면허증을 따기 위해 연수를 받는 것과 흡사하다. 처음엔 강사가 알려준 대로 모든 사람이 시험 도로에서 똑같은 방식으로 운전을 한다. 그러나 시험에 통과하고 도로에 나오면 자신만의 운진 스타일이 생긴다. 공부법도 마찬가지다. 궁극적으로 공신공부법에서 지향하는 것은 바로 자신만의 공부법을 터득하는 것이다. 그러기 위해서는 부지런히 관찰하고 습득해야 한다. 꾸준히 반복하다 보면 자신만의 공부법을 터득할 수 있다.

암기노트 작성법

과목명, 단원명, 날짜를 해당 칸에 적는다. 중요한 것은 무엇을 적느냐다. 한 주 동안 사용한 이해노트를 펼치지 말고 주중에 배웠던 학습 내용을 단원별로 마인드맵화한다. 처음에는 기억나는 내용을 검은 펜으로 적는다. 그리고 더 이상 떠오르지 않는다고 판단되면 이후 이해노트를 펼친 뒤 빨간 펜으로 기억나지 않는 부분을 써본다. 중간중간 작성을 하다가 개념이 이해되지 않는 것은 다시 개념노트에 표기한다. 이해노트의 내용을 암기노트 한 장에 모두 정리했다면 한 주 동안 선생님이 가장 강조했던 부분에 형광펜으로 강조 표시를 한다.

이렇게 단권화가 된 이후에는 핵심 질문칸에 주관식 형태로 문제를 만든다. 주관식 형태로 문제를 만드는 연습을 하다 보면 선생님이 가장 강조한 것이 무엇인지 다시 살펴볼 수 있고 교내 시험 때 서술형 문제 대비에도 매우 좋다.

핵심 질문 만들기까지 완성되었다면 이제 문제집을 꺼내 들고 풀면 된다. 문제를 풀고 나서 채점한 뒤 틀린 문제들은 왜 틀렸는지 원인 분석을 한다. 그러고 나서 암기노트의 어느 단원을 이해하지 못해 틀렸는지 살펴본다. 이때 할 수 있는 최고의 질문은 '이 문제를 풀려면 반드시 알아야 될 핵심 개념 3가지는 무엇인가?'다. 그리고 문제를 틀릴 때마다 미처 몰랐던 개념이나 알게 된 중요 단서들을 암기노트에 특정 색깔의 펜으로 표기해 두는 것이 좋다. 이렇게 정리를 해나가면 단권화의 질을 높여갈 수 있다.

단권화된 암기노트는 총 5주에 걸쳐 암기하면 된다. 결국 시험장에 들어갈 때 암기노트 한 장을 가지고 들어가면 완전 학습이 된 상태로 시험을 보게 되는 것이다.

핵심 파악은 신속하고 정확하게 평소에 한다

 수능도 마찬가지지만 고등학교 내신문제 출제 성향을 보면, 수능문제를 모델링해 제출한 경우가 많다. 지문의 양이 기존보다 많이 늘어났을 뿐만 아니라, 개념과 개념을 섞어 표면적으로 이해하기 어려운 문제들이 많다. 보통 학교 선생님들이 문제를 낼 때 난이도를 분석해보면 20%는 하, 40%는 중, 나머지 20%는 상으로 구성한다. 보통 자신의 점수가 90점이라는 것은 난이도 중하에 해당되는 문제는 다 맞혔다는 뜻이다.

 간혹 지문이 길고 배점 4점과 같은 고난이도 문제는 한 문제당 15분에서 20분까지 문제풀이에 할애해야 될 때가 있다. 문제는 고득점을 맞기 위해선 주어진 시간 내에 신속하고 정확하게 핵심을 파악해 문제를 해결해야 한다는 점이다. 핵심을 파악하려면 단어의 뜻을 알고, 문장을 이해해, 전체 글의 요지를 파악하는 능력이 요구되는데, 이는 평소 꾸준한 연습을 통해서만 가능하다. 다음의 글을 보고 실습을 한번 해보자.

> 털은 피부의 일부가 변해서 된 것이지요. 원래 육지에서 살아온 포유류들의 털은 주로 더위와 추위, 비와 눈으로부터 몸을 보호하기 위해서 발달해온 것입니다. 그런데 인간은 다른 포유류들과는 달리 똑바로 서서 걸을 수 있게끔 진화되었고, 또 점차 짐승의 털가죽 같은 털을 대신할 만한 것을 몸에 걸칠 수 있게 됨으로써 사실상 보호 차원에서의 털은 더 이상 필요가 없게 되었습니다.

위의 단락에서 핵심은 무엇인가? 다시 읽지 말자. 바로 읽고 바로 이해를 해야 된다. 지금 이 순간 답이 무엇인지 고민했다면 독해력에 문제가 있는 것이다. 정답을 한번 적어보자.

확실한가? 최선을 다했는가? 정답이 확실한지 아닌지 모르겠다면 대답하기 어려울 것이다.

정답은 바로 '인간과 동물의 털'이다.

위의 예문 연습을 통해 느낀 것이 있을 것이다. 그렇다. 핵심 파악 능력은 평소 지문분석 연습을 충분히 해야 가능하다. 그렇지 않고 고등학교에 올라가서 이것을 하려고 한다면, 학습 부담감은 2배로 커질 것이다.

오답분석으로
새로운 시험전략을 세운다

시험의 목표는 배운 내용을 얼마나 이해하고 있는지 확인하는 것이다. 만약 평소 본인의 공부 방법에 대한 이해가 없다면, 아무리 시험을 열심히 본들 소용이 없다. 현재 상태를 정확히 알고 있어야 무엇이 부족한지 확인할 수 있고, 이를 토대로 개선할 부분을 찾을 수 있기 때문이다. 본인에 대한 제대로 된 평가가 이루어진 상태에서 시험을 보고, 시험 결과를 바탕으로 지난 시험공부의 문제점이 무엇인지 분석해야 잘못된 행동을 반복하지 않게 된다.

시험공부의 문제점을 분석하려면 우선 시험 후 전략분석표로 전체 시험공부의 문제점을 짚어보는 것이 좋다. 다음의 표를 활용해보면 객관적인 평가를 하는 데 도움이 될 것이다.

시험 후 전략분석표

	항목	매우 그렇다	약간 그렇다	보통 이다	조금 그렇지 않다	매우 그렇지 않다
1	완전 학습 후 시험을 보았다.					
2	시험 범위 내 교과서를 최소 5회독했다.					
3	국·영·수 성적이 기타 과목보다 좋다.					
4	시험 범위 관련 문제를 최소 20문항 풀었나.					
5	시험 목표 점수가 있었다.					
6	원리나 개념을 이해하고 문제를 풀었다.					
7	학교 수업시간에 집중했다.					
8	평소 수행평가는 최선을 다했다.					
9	예상문제 20문항을 뽑고 풀어보았다.					
10	시험 준비 기간에 시간을 잘 배분했다.					

위 문항들은 시험 전 완전 학습 여부, 예상문제 출제를 통한 준비, 기대 목표, 교과서 정독 등 만점을 맞을 수 있는 척도를 기준으로 삼은 것이다. 체크하다 보면 자신에게 무엇이 부족했는지 알아차리는 데 도움이 될 것이다. 시험 보기 3주 전부터 제대로 정리하지 않아 낭패를 보았다는 등 분석하는 과정에서 자신의 평소 잘못된 공부습관을 발견할 수도 있다.

오답분석 및 오답노트 작성법

　전체 분석을 마쳤다면 이젠 시험지로 오답분석을 할 차례다. 지난 시험지로 오답을 분석하는 목적은 같은 실수를 반복하지 않기 위함이다. 어떤 학생들은 시험지 오답분석은커녕 시험지를 보지도 않고 버린다. 그러면 안 된다. 시험이 끝난 후 반드시 오답분석을 밀도 있게 할 것을 권한다. 시험 당일만큼 중요한 것이 바로 시험 끝난 후의 자세인데, 시험지 오답분석을 잘 정리할수록 학습 동기부여가 생기고 같은 실수를 반복하지 않게 된다.

오답분석표

과목:						
오답 유형 분석				취약분야 발견		솔루션
A 단순실수	B 문제이해부족	C 개념이해부족	주요 오답유형	관련 단원	몰랐던 개념	원인과 방안

시험지 오답분석은 4단계로 이루어진다.

1단계, 시험지에 날짜와 시험의 종류(기말고사, 중간고사), 시험 범위를 적는다.

2단계, 다시 한 번 문제를 확인하고 정답을 적는다.

3단계, 틀린 문제를 확인해 틀린 원인을 분석한다. 예를 들어 문제를 잘못 읽었거나 표기 오류 등의 단순실수는 A표시, 문제 이해 부족은 B표시, 개념 이해 부족은 C로 표시해 둔다.

4단계, 오답노트를 만든다. 모든 과목을 다 만들 필요는 없고 취약 과목 중심으로 틀린 문제를 옮겨 적거나 오려 붙여서 만든다. 중요한 시험이 다가오면 시험지와 오답노트를 적극 활용해야 한다. 이것은 자신의 학습 수준과 부진한 부분을 명확히 파악하게 해주고, 다음 시험에 자신감 있게 대처하게 해준다.

문제 분석을 다 했으면 다시 풀어보는 것이 중요하다. 이때는 정답을 찾는 것이 아니라, 정답까지 찾아가는 논리 흐름을 보고 무엇이 잘못되었는지 파악하는 것이 중요하다. 따라서 풀이과정을 문제 아래에 다시 써볼 것을 권한다.

점수가 70점 이상 되는 학생들은 오답노트를 작성하고, 그 이하의 학생들은 시험지나 문제집 자체를 오답 시험지나 오답 문제집으로 만드는 것이 좋다. 70점 이하 학생들에겐 오답노트를 만드는 것 자체가 중노동일 수 있다.

오답노트 샘플

과목 :	
단원 :	
DATE :	

문제 :

시험 전 3주,
이렇게 준비한다

        시험이란 재능이나 실력을 일정한 절차에 따라 평가하는 것이다. 시험이 존재하지 않으면 실력 가늠이 어려워 성장에 한계가 있다. 시험이 자신의 존재를 평가하는 것이 아니라 자신의 발전 여부를 측정하는 제도라는 인식을 가지고 시험에 임하자.

공신의 시험전략

시험 3주 전

먼저 시험 보기 3주 전에는 시험 범위와 과목별 학습계획을 짜야 한다. 보통 시험이 코앞에 다가왔음에도 시험 범위를 몰라서 친구에게 물어보거나 아예 다른 시험 범위를 공부하는 학생들이 있다. 시험 정보를 정확히 수집함으로써 마음가짐을 준비할 것을 권한다.

시험 범위를 알았다면 과목별로 이번 시험의 목표를 세우는 것이 바람직하다. 이때는 효과적인 학습관리를 할 수 있는 플래너의 사용을 권한다. 시간관리의 최적화 도구인 플래너를 사용하다 보면 학습관리뿐만 아니라 시험전략 관리도 자연스럽게 할 수 있다.

플래너 샘플

과목	시험범위	참고자료	선생님 힌트

시험 2주 전

주요 과목을 전체적으로 공부를 했으니 문제를 풀어 보며 심화시켜야 한다. 다음의 3가지를 유념하며 문제 풀 것을 권한다.

첫째, 문제집으로 공부할 때 '옳지 않은 것은?' 옆에는 'X', '옳은 것은?' 옆에는 'O' 하는 습관을 기른다. 또한 시험 전 공부하면서 '옳지 않은 것은?'에 대한 문제를 풀 때, 정답 외에 다른 맞는 보기에 대한 설명을 집중해 읽도록 한다. 질문에 대한 답이 5번인 경우 1~4번 보기를 꼼꼼하게 읽고 개념을 정리하는 것이다.

둘째, 해설지를 정독한다. 보통 학생들은 문제집에 붙어 있는 해설을 채점할 때만 이용한다. 그러나 가능하다면 모든 문제에 대한 해설을 읽어 보아야 한다. 답의 근거를 밝히는 것이 해설지다. 때문에 이론이 문제풀이에 잘 적용되지 않을 때, 해당 이론에 대한 문제풀이 해설을 참고하면 많은 도움이 된다.

셋째, 문제를 푸는 것 자체는 목적이 아니다. 정답이면 정답의 논리적 근거, 오답이면 오답의 정확한 이유를 꼭 알고 넘어가야 한다. 정답을 맞혔으나 정확한 논리적 근거가 없다면 틀린 문제로 간주해야 한다.

시험 1주 전

시험 1주 전에 해야 할 것은 효과적인 학습 원리에 따라 시험계획을 세우고 공부하는 것이다. 시험계획을 세우는 데 중요한 2가지 학습 원리는 '반복 학습'과 '분산 학습'인데, 반복 학습은 영어 단어를 외울 때처럼 내용을 정리하고 외워질 때까지 여러 번 확인하면서 공부하는 것이고, 분산 학습은 시간을 나누어서 사이사이 휴식을 취하면서 공부하는 방법을 말한다. 이 2가지 원리를 적용해 시험계획을 세우면 효과적이다.

시험 보기 전날에는 최종 정리를 하는 시간을 가져야 한다. 따라서 시험 보기 전날까지는 시험 범위 전체를 두 번 정도는 볼 수 있도록 시험계획을 세운다. 예를 들면 다음과 같다.

①			②		③
첫째 날	둘째 날	셋째 날	넷째 날	다섯째 날	D-1일
사회 앞 30쪽 국어 앞 30쪽	사회 중간 30쪽 국어 중간 30쪽	사회 뒤 30쪽 국어 뒤 30쪽	사회 전반 45쪽 국어 전반 45쪽	사회 후반 45쪽 국어 후반 45쪽	사회, 국어 최종 정리

평상시 시험 준비를 위한 전략

평소에는 놀다가 시험이 눈앞에 닥쳐서야 공부를 시작하는 학생들이 많다. 사실 평상시의 학습이 뒷받침되지 않는다면 월등히 좋은 성적을 얻기에는 한계가 있다.

그러기 위해서는 평소 개념노트, 수업노트, 이해노트, 암기노트를 대부분의 과목에서 쓰면 좋다. 무엇보다 주중에는 이해노트로 개념 위주의 학습을 권하고 싶다. 특히 과학이나 사회 과목에서 차트나 도표, 지도는 시험에 출제될 가능성이 매우 높기 때문에 평소 교과서에 실린 도표 등은 반드시 숙지하고 넘어가야 한다.

또한 교과서를 읽어도 무슨 말인지 이해가 되지 않으면 개괄적으로 설명된 책을 사서 미리 읽어 두는 게 바람직하다. 평이하게 설명된 해석을 먼저 읽어 두면 교과서를 더 쉽고 빠르게 이해할 수 있다. 반드시 정독을 5회독 이상 반복해 이해력을 높이는 데 게을리하지 말아야 한다.

시험에서 실수를 줄이는 비법

물론 공부를 열심히 해야 시험을 잘 볼 수 있지만, 시험 보는 요령을 알고 있으면 실수를 막을 수 있다. 시험 볼 때 다음의 내용을 명심하길 바란다.

- 시험시간보다 일찍 도착해서 마음의 준비를 한다. 이때 불안한 마음이 생기면 심호흡을 하면서 마음을 가라앉히는 게 좋다.
- 갑자기 답이 생각나지 않을 때는 다음 문제부터 먼저 풀고 다시 모르는 문제를 푸는 것이 가장 좋은 방법이다.
- 시험지를 받으면 급하게 첫 문제부터 풀지 말고 문제지를 한 번 대강 훑어본다. 문제가 얼마나 어려운지, 푸는 데 시간이 얼마나 걸릴지를 대충 생각해 본 후 문제를 풀기 시작한다.
- 문제가 명확하지 않고 애매한 것 같으면 선생님에게 질문한다.
- 문제풀이가 끝나면 마지막 몇 분 동안 전체적으로 검토하고 빠진 것은 없는지 다시 한 번 확인한다.

Chapter 7

몸과 환경 :
최고의 공부전략은
자기관리다

효과적인 수면과 영양관리가 학습의 질을 결정한다

효과적인 수면과 영양관리를 위해 몇 가지 내용을 소개한다. 읽어보면서 해당되는 부분이 있다면 체크하고 습관을 바꿔 보길 바란다.

짧은 휴식 취하기

잠깐 동안의 휴식은 뇌와 신체에 에너지를 재충전시켜준다. 시간을 정해 두고 음악을 몇 곡 듣거나, 가벼운 맨손체조를 하거나, 차를 마시는 것 등의 휴식은 집중에 도움이 된다. 하지만 컴퓨터 게임과 과도한 운동 등은 다시 집중하는 데 많은 시간과 에너지가 소비되기 때문에 재충전을 위한 휴식으로는 적합하지 않다.

아침 식사 거르지 않기

비만도가 높은 학생들은 대부분 아침을 적게 먹고 저녁을 많이 먹는다. 오후 7시 이후에는 식사를 금하는 것이 좋다. 이유는 저녁이 가까워질수록 에너지 용량은 줄어들고 신진대사도 느려지기 때문이다. 하루를 기준으로 할 때 이른 시간일수록 더 많은 칼로리를 섭취하고 늦은 시간일수록 더 적게 먹어야 하는 이유가 바로 여기에 있다. 또한 당이 낮은 음식을 섭취하는 것이 좋다. 대표적인 음식으로 딸기, 배, 포도, 사과 등이 있다. 신체 에너지 능력을 최대화하기 위해서는 허기져 있어서도 안 되고 너무 포만감이 들 정도로 먹어서도 안 된다.

물을 충분히 마시기

신체 에너지를 새롭게 하는 중요한 원천은 바로 물이다. 최근 생리학 연구에 의하면 하루에 물을 1.8L 정도는 마셔야 중요한 일을 수행하는 데 효과적이라고 한다. 카페인 함량이 많은 음료는 이뇨 현상을 가져온다.

호흡법 등으로 불안 줄이기

눈을 감고 몸을 편하게 이완시키면 뇌파의 활동은 초당 8~14사이클 정도로 속도를 늦추게 되고, 이때 우리의 뇌는 8~13Hz 사이의 알파(α)파를 폭발적으로 생산하게 된다. 실험 결과 두뇌 뇌파를 알파파로 유지하면 두뇌 활동의 최적 상태가 유지되며 집중력과 기억력, 창의력이 월등히 향상되는 것으로 나타났다.

알파파를 만드는 가장 간단한 방법이 호흡법인데, 대표적인 것으로 복식호흡법이 있다. 숨을 코로 들이쉬며 배를 볼록하게 앞으로 내민다. 숨을 코로 내뱉으며 등 쪽으로 배를 끌어당긴다. 이때 마신 숨은 한꺼번에 내쉬는 게 아니라 조금씩 끊어서 내쉰다. 셋을 셀 동안 숨을 들이쉬고 여섯을 셀 동안 내쉬는 것을 반복하면 몸은 물론 마음과 감정 역시 차분해진다. 깊고 부드러우며 리듬감 있는 호흡은 에너지와 집중력의 원천이다.

두뇌계발 비법

1. 아침은 꼭 먹어야 머리가 좋아진다.
2. 공부 시작 전에 호흡과 명상으로 뇌 기능을 조절한다.
3. 좌뇌와 우뇌를 동시에 사용한다.
   예) 이야기를 그림으로 표현하기, 하루를 그림으로 그려가며 영상화하기
4. 왼쪽 몸을 자주 사용한다.
5. 손을 쓰면 머리가 좋아진다.
6. 충분한 수면으로 뇌를 지킨다.
7. 클래식 음악으로 두뇌를 계발한다(클래식 음악: 우뇌, 대중음악: 좌뇌).
8. 머리를 좋게 하는 음식을 먹는다.
   예) 콩, 두유, 두부, 땅콩, 호두, 해바라기 씨, 등 푸른 생선 등
9. 물구나무서기로 혈액순환이 잘되게 한다.

대인관계 긍정지수에 따라 학습 능률이 달라진다

학생들에게 성적에 영향을 미치는 중요한 요소가 있는데, 그것이 바로 친구관계다. 친구관계 때문에 어려움을 겪고 있는 학생들은 학습 능률이 떨어질 수밖에 없다. 공부보다 관계 형성에 더 많은 시간과 에너지를 사용하기 때문이다.

주로 인간성 추구형 학생들에게 나타나는데, 이들은 학원도 친한 친구가 다니는 곳, 독서실도 친구들이 많이 다니는 곳 등을 가는 경향이 있다. 정작 자신이 해야 될 공부의 양이 점점 쌓여져 감에도 친구관계에 밀려 공부를 제때 하지 않는다. 이들에게 필요한 것은 다음 2가지다.

용기와 배려의 균형 갖기

원만한 친구관계를 만들고 싶다면, 용기와 배려의 균형을 생각하면 도움이 된다. 용기가 많은 학생은 남들에게 자신이 원하는 것을 자주 요구해 갈등을 유발하는 경우가 많다. 반면 배려가 많은 학생은 남들에게 자신이 원하는 것을 요구하지 못해 자책하거나 속으로 끙끙 앓으면서 상대방을 미워하는 경향이 있다. 모두 용기와 배려의 균형을 모르기 때문이다. 건강한 친구관계를 유지하려면 때로는 용기를 내서 자신이 원하는 것을 명확하게 기분 나쁘지 않게 표현하는 요령이 필요하고, 한편으로는 배려를 통해 한 발짝 양보해주는 아량을 선명하게 보여주어 자신을 보호하는 기술이 필요하다.

'소리 벗'으로 거절하기

보통 고등학생들이 대인관계에서 가장 고민하는 것 중 하나가 바로 거절하기다. 거절을 하면 친구가 자신을 미워할 것이라고 착각하는데, 거절도 기술적으로 할 필요가 있다. 자신은 현재 해야 될 과제가 많은데 갑자기 노트를 빌려달라고 하거나, 원치 않는데 화장실을 같이 가자고 하는 경우, 원하지 않으면 거절하면 된다. 어떻게 거절할 수 있을까? 바로 '소리 벗(sorry, but)'이다. '미안해, 다음에 ~하자' '정말 미안한데, 이다음에'라고 말하면 상대방은 '아, 내가 싫어서 거절하는 것이 아니구나'라는 생각을 갖게 된다.

공부가 잘되는 공간은 따로 있다

실제로 학생마다 공부가 잘되는 공간이 있다. 물론 집중만 잘되면 어디선들 공부를 못 하겠냐고 하겠지만, 요즘 학생들은 공부 환경도 매우 따진다. 스마트 세대이기 때문에 외부 자극에 민감한 것이 사실이다. 이런 학생들을 위해 3가지 대안을 소개한다.

시각적 방해 요인 제거하기

공부와 관계없는 것들을 책상에서 치우고, 책상은 창밖이 보이지 않는 벽 쪽으로 문과 대각선 방향에 위치시킨다. 또한 방을 공부방으로 할 것인지, 쉬는 방으로 할 것인지 명확히 하는 것이 좋다. 고등학생이라면 최대한 학교에서 야간 자율학습을 빼먹지 말고 학교 시설을 최대한 활용할 것을 권한다. 그것이 가능하다면 집은 쉬는 공간으로 만들어도 좋다.

공부방 환경 전략화하기

1. 공부 환경에 적합한 색
   : 파스텔 톤
2. 공부를 돕는 향기
   : 라벤더, 로즈메리, 레몬, 페퍼민트
3. 공부를 돕는 음악
   : 휴식과 숙면을 위한 음악: 드보르작, 바흐, 헨델, 베토벤
   : 수리력을 향상시키는 음악: 심장박동과 가장 비슷하다는 음악(차이콥스키, 하이든, 드뷔시)
4. 공부를 방해하는 것들
   : 컴퓨터, 텔레비전, 각종 성인물
5. 빛의 밝기 조절
   : 형광등만 켜놓고 공부하면 피로감이 높다. 스탠드와 형광등을 함께 이용하는 것이 좋다.
6. 나쁜 자세가 미치는 영향
   : 허리를 똑바로 세우지 않고 등이 굽어 있으면 성장 발육이 더뎌진다.
   : 뇌에 산소 공급이 원활하게 되지 않아 생각이 흐려진다.
   : 동작이 자꾸만 산만해진다.
   : 근육을 압박해 뇌에 스트레스가 전달된다.

청각적 방해 요인 제거하기

공부를 할 때 방문을 닫고 '공부 중'이라는 표시를 해둔다. 컴퓨터·TV·라디오 등은 켜지 않으며, 자신이 통제할 수 없는 외부의 소음엔 귀마개를 사용해도 좋다.

물리적 방해 요인 제거하기

책상·의자의 크기는 적당하고 편안해야 하며, 조명은 눈에 피로를 덜 주는 것을 사용한다. 공부에 필요한 책이나 학용품들은 잘 정리정돈해 두며, 침대는 책상에 앉았을 때 보이지 않는 뒤쪽에 위치시킨다.

Chapter 8

습관 :

공부습관으로
꿈을 이룬다

공부습관
형성의 비밀

　　습관이란 자신도 모르게 하는 행동을 말한다. 고등학교 2학년 내신 4등급 정도 되는 학생의 일상생활을 그려보자.

오전 8시 10분까지 등교한 뒤 자율학습을 한다. 그리고 수업 시작 전 쉬는 시간에는 친구들과 휴대폰 게임을 하거나 복도에서 떠든다. 남학생들의 경우 밖으로 나가 축구를 하다가 수업 종이 울리면 미친 듯이 교실로 뛰어가 헐레벌떡 수업에 참여한다. 뛰는 심장을 뒤로 하니 수업에는 집중하지 못한다. 힘을 너무 빼서 그런지 빨리 시간이 흘러가길 바라는 마음뿐이다. 점심시간엔 식당으로 달려가야 한다. 먹고 나서 축구를 하거나 친구들과 놀려면 시간을 아껴야 하기 때문이다.

점심을 먹고 다시 오후 수업시간, 잠이 몰려온다. 순간순간 졸리다 못해 아예 엎드려 잔다. 엎드려 자도 깨우는 선생님은 없다. 7교시까지 수업이 있는 날은 빨리 저녁을 해결한 뒤 야간 자율학습에 들어가야 한다. 근데 왠지 오늘은 야자를 하고 싶지 않다. 선생님께 학원 핑계를 대고 곧바로 가고 싶은 곳은 PC방이다. 롤게임을 잘하고 싶다. 같은 반 친구는 이미 업그레이드된 실력을 갖고 있는데, 왠지 비교가 된다.

저녁 무렵 집에 오니 엄마가 캐묻는다. 학원에서 결석 통보 문자가 왔는데, 어디 갔다 왔냐고. 순간 당황스러웠지만 굳이 숨기고 싶지도 않았다. 곧장 방으로 들어가 책가방을 그대로 둔 채 씻은 뒤 밥을 먹고 보니 8시 반이다. 다음 날 과제가 무엇인지 확인하고 책을 펼치려니 졸음이 밀려온다. 그냥 내일 해야겠다는 마음을 먹고 그냥 잔다.

보통 내신 4등급 내지 5등급 학생들의 실제 일상이다. 이들의 일상을 놓고 이런 질문을 한 적이 있다. "지금과 같은 행동이 반복되면, 최상의 결과와 최악의 결과가 어떨 것 같니?" 그러자 그들은 "망하겠죠"라고 대답했다. 나쁜 습관이 답습되고 있는 것이다.

보통 습관을 형성하는 요소 3가지가 있는데, 열망(desire), 지식(knowledge), 기술(skill)이다. 이 중 한 가지만 빠져도 습관이 만들어지기 어렵다. 내신 4등급, 5등급 학생들의 경우 좋은 습관을 만들고자 하는 열망도 없을뿐더러 좋은 습관을 만들 수 있는 지식도 부족하고,

기술도 부족하다. 그중에서도 가장 중요한, 좋은 습관을 만들고자 하는 열망이 아무래도 제일 낮을 것이다.

좋은 공부습관을 만들려면 열망이 필요한데 이를 동기부여라고 한다. 즉 배우고 익히는 것이 즐거움이라는 인식을 갖도록 코치해주는 것, 바로 동기부여 학습 방법이 필요한 이유다. 그래서 코치는 좋은 공부습관을 형성하기 위해 현재 지도하는 학생에게 필요한 것이 무엇인지 먼저 살펴봐야 한다. 이 3가지 요소만 대입해봐도 진단하는 데 큰 무리가 없을 것이다.

공부습관을 만들기 위한 하루 익힘 플래너

　　우선 고등학교 수시를 준비하는 학생이라면, 반드시 3가지를 평소에 놓치지 말고 대비해야 하는데 내신, 수능, 생활기록부 관리다. 내신이나 수능은 산출된 성적표를 기반으로 고등학교 3학년이 되었을 때 자신이 지원 가능한 대학을 가늠해보고, 지원 수준을 정하는 데 도움이 되는 정량적 평가지표다.

　　그러나 정성적 평가를 기초로 하는 학생부종합전형을 준비하는 학생의 경우엔 고등학교 1학년 때부터 성공적인 진로진학로드맵을 설계한 뒤 진로 목표를 명확히 하는 것이 좋다. 예를 들어 장래 희망 분야가 방송국 PD라고 한다면, 관련 자율 활동, 동아리 활동 등을 체계적·전략적으로 준비하는 것이 필요하다. 왜냐하면 생활기록부를 기반으로 학생의 잠재 능력을 평가한다는 것은 대학이 단순 줄 세우기 식으로 학생들을 뽑겠다는 것이 아니라, 자기소개서와 면접, 그리고 생활기록부를 통해 정성적으로 주도적인 학생을 뽑겠다는 뜻이기 때문이다.

문제는 학생들이 생활기록부를 어떻게 설계하고 관리해 나갈 것인지에 대한 충분한 이해가 부족하다는 것이다. 그리고 자신의 전공 적성과 관련해 무엇을 주도적으로 해 나가야 될지 모른다는 점이다. 그래서 수시종합 대비용으로 만든 '하루 익힘'이라는 플래너를 사용해 볼 것을 권한다. 이 플래너는 기본적으로 진로진학로드맵을 학생 스스로 설계할 수 있도록 만들어졌다는 점에서 학생들에게 도움이 된다. 내신 성적과 모의고사 성적을 그래프화해 평소 점수를 관리할 수 있으며, 자율 활동과 동아리 활동 내역에 무엇을 채워 넣어야 되는지 알 수 있다. 뿐만 아니라 학생들이 가장 어려워하는 자기 정체성과 진학로드맵을 만들 수 있게끔 꿈, 목표, 비전, 그리고 시간관리를 효과적으로 관리하도록 만들어졌다. 구매는 공부몰닷컴에서 할 수 있다.

하루 익힘 플래너 작성 요령

상호 피드백하라

플래너를 작성할 때 가장 큰 위기는 바로 작심삼일이다. 학생들을

3개월 동안 가르치면서 가장 효과가 있었던 것은 1:3으로 학생들을 그루핑해 상호 피드백을 하도록 시켰을 때였다. 상대방의 플래너를 보면서 자신이 누락한 것은 무엇인지, 자신이 계획한 것을 얼마나 지켰는지 등을 되돌아보면서 자신의 현재 모습을 직면하도록 도울 때 학생들은 동기부여를 더 받게 된다.

이를 3개월만 꾸준히 하면, 3명이 하나의 팀이 되어 온전하게 좋은 학습관리 습관을 가질 수 있다. 만약 1:3이 안 되면 코치와 함께 1:1로 매칭해 상호 피드백을 해도 괜찮다. 중요한 것은 꾸준히 3개월 동안 지속하는 것이다. 피드백을 할 땐 오늘 하루 자신이 플래너를 쓰면서 좋았던 점과 고쳐야 될 점 각각 한 가지씩 공유하고, 잘 되지 않는 부분을 집중적으로 대화를 나누면 도움이 된다.

지지와 격려를 최대한 하라

상호 피드백을 하더라도 1:3의 경우 친구들의 격려와 지지를 이끌어내는 것이 매우 중요하다. 보통 학생들이 플래너를 쓰다 보면 지속성을 갖기 매우 힘든데, 지속적으로 좋은 학습관리를 하기 위해선 지지와 격려가 필수다. 어떤 날은 '너무 바빠서 못 썼어요' 혹은 '쓰는 것이 너무 귀찮고 싫어요' 등 다양한 반응을 나타내는데, 그럴수록 '충분히 현재까지 잘 해왔어' '맞아, 용케도 오늘도 썼네. 대단하다' '힘들지? 이해해' 등으로 반응하며 함께하는 것이 지지와 격려다.

하루 익힘 플래너 예시

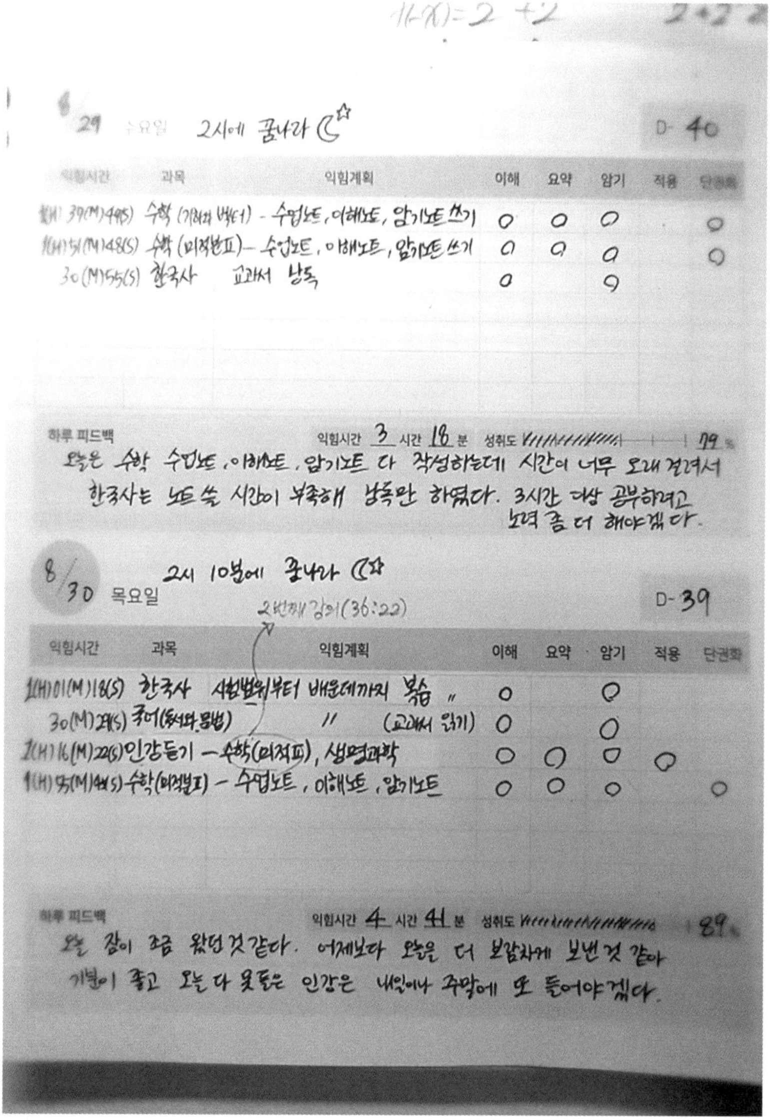

8/29 수요일 2시에 꿈나라 ☾☆ D-40

익힘시간	과목	익힘계획	이해	요약	암기	적용	단권화
1(H) 39(M) 49(S)	수학 (기하와 벡터)	수업노트, 이해노트, 암기노트 쓰기	O	O	O		O
1(H) 51(M) 48(S)	수학 (미적분II)	수업노트, 이해노트, 암기노트 쓰기	O	O	O		O
30(M) 55(S)	한국사	교과서 낭독	O		O		

하루 피드백 익힘시간 3 시간 18 분 성취도 79%

오늘은 수학 수업노트, 이해노트, 암기노트 다 작성하는데 시간이 너무 오래 걸려서 한국사는 노트 쓸 시간이 부족해 낭독만 하였다. 3시간 이상 공부하려고 노력 좀 더 해야겠다.

8/30 목요일 2시 10분에 꿈나라 ☾☆ D-39

2번째 강의(36:22)

익힘시간	과목	익힘계획	이해	요약	암기	적용	단권화
1(H) 01(M) 18(S)	한국사	시험범위부터 배운데까지 복습	O		O		
30(M) 29(S)	국어(독서와 문법)	〃 (교과서 읽기)	O		O		
1(H) 16(M) 22(S)	인강듣기	수학(미적II), 생명과학	O	O	O	O	
1(H) 55(M) 44(S)	수학(미적분II)	수업노트, 이해노트, 암기노트	O	O	O		O

하루 피드백 익힘시간 4 시간 41 분 성취도 89%

오늘 잠이 조금 왔던 것 같다. 어제보다 오늘은 더 보람차게 보낸 것 같아 기분이 좋고 오늘 다 못 들은 인강은 내일이나 주말에 또 들어야겠다.

한 달 피드백

계획한 것의 90%정도는 달성했지만, 많은 양을 소화하려고 하다 보니 자는 시간이 늦어져 수업시간의 집중력이 떨어졌다. 시험이 끝난 뒤부터는 평상시에 복습을 수순히 하고, 취약한 부분인 국어와 영어 문법은 주말에 인강을 통해서 보강해야겠다.

6

June 2018

목	금	토	일
1	2	3	
7 8 영어단어 30개 독서와문법 쏭사 미적문 I p124-132 세계지리 p89-95	**9** 영어단어 30개 문학 단군신화, 서경별곡 미적문 I p133-140 한국지리 p74-95	엄마 생일 영어단어 복습 문학 도산십이곡, 속미인곡 생명과학 p64-87 한국지리 p95-115 미적문 I p99-120 총정리	영어단어 테스트 문학 총정리 생명과학 p88-109 미적문 I p120-140 총정리
14 교내 독서대회 꿈 **15** 문학 문제풀이 미적문 I p164-172 세계지리	꿈 **16** 미적문 I p172-180 한국지리	하 **17** 게 생명과학 미적문 I p141-180 총정리 한국지리	넷 째 날 독서와 문법 전 범위 생명과학 전 범위
21 둘 째 **22** 미적문 I 전 범위 세계지리 전 범위	날 **23** 미적문 I 전 범위 세계지리 전 범위	**24** 문학 전 범위 한국지리 전 범위	내일 과목 완벽히!!
28 사 **29** 독서와 문법 생명과학	**30**		

특히 중고등학생일수록 지지와 격려가 필수인데, 많은 청소년들 주변엔 그들을 지지하고 격려해주는 사람이 없다. 청소년들에겐 마중물 역할을 하는 사람이 필요하다. 1:1로 공부법코칭을 할 때 코치가 성장 마인드를 갖고 지지와 격려를 해주어야 한다. 학생들은 지지와 격려를 받으면 '아, 나를 지지하고 격려해주는 사람이 있구나. 그 기대에 부응하고 싶다'는 욕구가 생겨 결국 3개월 동안 플래닝을 완수해 좋은 습관을 만들게 된다. 그 과정 속에서 함께하는 이가 바로 지지와 격려를 아끼지 않는 코치라는 점을 기억했으면 좋겠다.

무기력하다면, 의지가 꺾인 시점을 찾는다

학습에 흥미가 없는 학생들은 무기력함에서 하루빨리 회복하는 것이 상책이다. 무기력은 일종의 우울증이다. 보통 사춘기 전후의 학생들에게 많이 나타나는데, 무기력에 빠진 학생들을 만나 보면, 이들은 주어진 환경 속에서 자신이 할 수 있는 것은 하나도 없다는 비합리적인 생각을 주로 갖는다. 또한 낮은 성적 때문에 꿈을 이루지 못할 것이라는 굳건한 믿음을 가지고 있어서 자존감이 낮은 상태다. 스스로를 가치 없다고 느껴서 학습 무기력에도 빠지기 쉽다. 공부를 하는 것도 아니고, 안 하는 것도 아닌 상태로 보이기 때문에 부모 입장에선 미치고 환장할 노릇이다.

학습 무기력에 빠진 학생은 무엇보다 인생 학습곡선 그리기를 통해 과거 의지가 꺾인 시점을 찾는 것이 중요하다. 그 시점에 어떤 일이 있었는지, 그리고 그 일이 현재의 학습 무기력과 어떤 관계가 있는지 등을 면밀하게 살펴볼 필요가 있다.

실제로 코칭을 했었던 고등학교 1학년 연경이는 초등학교 5학년 때까지 배우고 익히는 데 남다른 재능을 보였던 학생이었다. 모 신문사에서 주최한 초등학생 전국 영어 말하기 대회에서 대상을 받을 정도로 두각을 나타냈던 학생이었다. 그러던 연경이가 고등학생이 되어 성적이 곤두박질치고, 심지어 사춘기를 심하게 겪으면서 부모님은 초등학생 때의 연경이를 더 이상 기대하지 않고, 이제는 학교만 잘 다녀주길 바라는 마음을 갖게 되었다.

무엇 때문에 연경이가 학습 무기력에 빠졌는지 확인하기 위해 연경이에게 인생 학습곡선 그래프를 그리도록 했다. 연경이는 초등학교 5학년 때를 기점으로 공부하는 것이 재미없어졌다고 했다. 알고 보니 초등학교 5학년 때까지 선생님이 질문을 하면, 늘 연경이가 먼저 대답을 해왔고, 교내외 대회에도 빠지지 않고 참가하는 열정을 보였다. 그러나 같은 반 여학생들이 연경이를 시기하고 질투하면서 은근히 따돌림을 받게 되었다. 친구들이 모여 있는 곳에 가면, 갑자기 여학생들이 자기 자리로 돌아가는 행동을 반복적으로 하면서 연경이를 외면했던 것이다. 연경이는 친구들의 이런 행동 때문에 상처를 받게 되었고, 결국 두각을 나타내는 어떤 행동도 수업시간에 하지 않게 되었다. 공부하는 것이 심리적 부담감으로 작용한 것이다. 그날 이후 연경이는 중학교에 진학해서도 학내외 활동을 당연히 소홀히 하게 되었고, 오직 자신의 마음을 터놓을 수 있는 친구 한 명을 얻기 위한 깊은 바람만 간직한 채 무기력하게 학교생활을 했다.

고등학생 일석이의 경우도 비슷하다. 고등학교 1학년 2학기 때 목표 대학을 정한 뒤 급격하게 의기소침과 의욕상실로 떨어진 일석이는 고등학교 1학년 중간고사 때만 하더라도 전교 20등 정도 하던 학생이었다. 다만 모의고사는 언/수/외/탐이 3/4/3/2등급 나왔는데, 정시보다는 수시에 집중해 좋은 대학을 가고 싶어 했다. 그러나 고등학교 1학년 2학기 중간고사 이후 대치동의 한 컨설팅 회사를 방문해 자신이 가고 싶은 대학의 진학 여부를 컨설팅받은 뒤 동기가 저하되어 더 이상 공부를 열심히 하지 않았다.

알고 보니 대치동의 컨설턴트가 했던 말이 화근이었다. 일석이는 연세대 경영학과에 진학하고 싶어 했다. 당시 연세대 경영학과에 진학하려면 수시 대비를 하면서 동시에 논술까지 준비해야 했다. 게다가 내신의 경우 고교 3년 통틀어 1.8등급이 요구되는데, 그 컨설턴트가 일석이에게 "네가 앞으로 내신에서 모두 '올 백'을 받아도 현재로서는 수시로 연세대에 진학하기 어렵다"라고 한 것이다. 이 말을 들은 일석이는 순간 멍하니 있다가 "그럼 제가 노력해도 안 되는 거네요"라고 말하곤 그 뒤로 의지가 꺾였다고 한다. 그래서 의지가 꺾인 일석이를 코칭하면서 다시 알려주었다.

"그 말을 듣고 의지가 꺾일 만하네. 충분히 이해가 돼. 그렇지만 네가 아직 고등학교 2학년 1학기이기 때문에 방법이 없는 건 아니야. 일단 내신을 꾸준히 준비하되, 원한다면 논술 준비를 하는 거야. 먼저 논술문제를 한번 접해보고, 공부 원리와 서술 원리를 파악해 빠른 시간 내에 준비해볼 만한지를 파악했으면 좋겠어"라고 제안했다. 그리고 1주일 뒤, 일석이의 표정은 다소 누그러져 있었다. 논술 준비를 하면서 주제를 놓고 토론하고 답안지 작성 요령 수업을 들어보니, 충분히 해볼 수 있겠다는 자신감이 생겼다는 것이다. 그래서 나는 일석이에게 "최선을 다 했다고 스스로에게 만족한다면, 못 할 것은 없다고 생각해. 설령 그렇게 해서 낙방했다 해도, 그 과정은 정말 아름다운 노력이라고 생각한다"라고 말해주었고, 그 뒤 일석이는 현재까지도 최선을 다 하고 있다.

코칭 질문으로 무기력의 원인 파악

위의 2가지 사례를 보아 알겠지만 한 학생은 왕따 문제, 또 다른 학생은 잘못된 입시정보로 인한 동기 저하가 학습 무기력의 원인이었다. 이처럼 학습 무기력을 찾을 수 있었던 것은 바로 인생 학습곡선 그래프를 작성하면서 학생의 심리상태를 귀담아 들었기 때문이다.

이와 관련된 몇 가지 코칭 질문을 소개한다. 이 질문을 통해 학생의 심리상태를 파악해 학습 무기력의 원인이 무엇인지 확인하길 바란다.

- 언제부터 공부하기 싫어졌는가?
- 그때 무슨 일이 있었는가?
- 언제 공부가 가장 재미있었는가?
- 그때 무슨 일이 있었는가?
- 앞으로 어떻게 되길 바라는가?

내면의 소리에
집중할 수 있도록 코칭하라

　　　　　내면의 소리에 집중할 수 있도록 지도하는 것은 학생들에게 공부에 대한 올바른 의미를 부여하도록 돕는 것과 같다. 보통 내면의 소리에 집중한다는 것은 어떤 행동을 하기 전 자신의 마음속 욕구, 감정, 생각에 귀를 기울이는 행동이다. 이런 요소에 귀를 기울이는 행동은 자신이 하고 있는 일에 대해 가치를 부여할 뿐만 아니라, 생산성을 높이는 데 큰 역할을 한다.

　　보통 체육 선수들을 만나 인터뷰를 많이 해보면 메달권에 들어가는 선수들의 공통점이 눈에 보인다. 그것은 자기 자신의 내면의 소리에 집중을 잘한다는 것이다. 실제로 한국체고에서 강의를 통해 학생들을 만나 왜 운동을 시작했는지 물어보면 두 그룹으로 나누어진다. '그냥 어릴 적부터 좋아서요'라고 답한 그룹과 '제가 이 운동을 통해 하고 싶은 일이 있어서요'라고 답한 그룹이다. 한국체대에 진학해 국가대표를 역임한 학생들은 대다수 후자에 속했다.

운동이 단지 좋아서 선택한 학생들은 가끔 운동하기 싫을 땐 훈련에 빠지며 마음을 다스리지 못하다 결국 대부분 좋은 결과를 내지 못했다. 반면에 정말 힘든 운동이지만 '내가 정말 이 운동을 왜 하나?'라는 자조 섞인 질문을 할 때, 자기 나름대로의 이유를 찾고 의미를 부여한 학생들은 자신의 마음을 다지고 다져 결국 하기 싫은 연습과 지루함을 노력과 땀으로 이겨냈다. 이는 결국 사고하는 내면의 힘이 얼마나 중요한지를 알려주는 대목이다.

공부도 마찬가지다. 그냥 하라고 하는 공부는 사실 초등학교 때까지다. 사춘기가 오고 아이가 중학생이 되면 이야기는 달라진다. 그냥 하라고 하는 공부는 그들을 오히려 더 학습 무기력 상태로 만든다. 이들에게 필요한 것은 생생한 미래 선행 체험과 동기부여할 수 있는 좋은 질문들이다.

실제로 국가대표 선수들이 금메달을 따기 위해 이미지 트레이닝을 하듯이, 수험생들에게도 자신의 미래를 생생히 그려나가도록 훈련시킬 필요가 있다. 현명한 질문과 답으로 자신의 미래를 생각하고, 자신의 삶과 감정을 되돌아보는 연습을 하도록 도와준다면, 학생들은 의미 있고 행복한 하루하루를 보낼 수 있다. 내면의 소리에 집중할 수 있도록 돕는 것은 결국 아이 인생에 나침반을 달아주는 것과 똑같다.

공부습관 형성 단계

학습은 자신이 무엇을 알고 모르는지 의식의 여부와, 실행할 수 있는 능력의 여부에 따라 4단계로 나누어진다. 1단계는 무의식적 무능력, 2단계는 유의식적 무능력, 3단계는 유의식적 유능력, 4단계는 무의식적 유능력 상태로 구분된다.

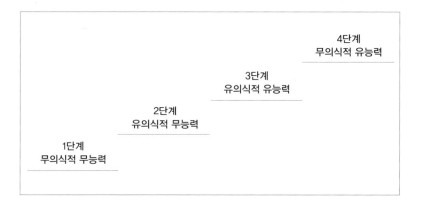

스노보드 타는 법을 배운다고 가정해보자. 보드를 타본 적이 없다면 자신이 보드를 얼마나 잘 탈지 알 수가 없다. 처음부터 잘 탈 수는 없기 때문에 부츠 신는 법, 넘어지는 법 등 보드를 타기 전 알아야 하

는 기본 동작과 안전수칙부터 배우게 된다. 이와 같이 아직 자신이 잘 탈지 못 탈지 그 능력을 알 수 없는 단계가 무의식적 무능력 단계다.

그다음 단계인 유의식적 무능력 단계는 실제 슬로프에 나가 배운 대로 잘 안 타진다는 것을 깨닫는 상태다. 이는 자신의 의지와는 상관없이 수없이 넘어지고 구르면서 느끼게 된다.

꾸준한 연습을 통해 중급 정도의 슬로프에서 방향을 조정하며 끝까지 내려올 수 있을 정도로 타게 되면 자신이 이제 잘 탈 수 있다고 지각하게 되는데 이 단계가 유의식적 유능력 단계다.

마지막 무의식적 유능력 상태는 자유자재로 즉 프리스타일로 탈 수 있는 상태를 말한다. 이미 다양한 기술이 숙달된 상태라 굳이 머리로 방법을 생각하지 않아도 능수능란하게 탈 수 있는 상태다.

이렇듯 무의식적 유능력 단계에 접어들면 오랜 연습과 훈련으로 인해 그 능력이 습관으로 자리 잡게 된다. 학습에서도 마찬가지다.

지속적인 연습을 통해 완전 학습을 이룬 상태 즉 무의식적 유능력 상태에 도달하는 것이 학습의 목적이다. 이를 가능하도록 도와주는 것이 바로 공부 도구다.

Chapter 9

과목별 공부법코칭 : 과목은 다르지만 원리는 똑같다

국어
공부법코칭

SQ3R로 독해력을 키워라

국어를 잘하려면 평상시 독서하는 것이 필수다. 국어 과목의 성적은 평소의 기본적인 독해 실력이 큰 영향을 미치기 때문이다. 글을 많이 정확하게 읽다 보면 읽기 속도가 빨라질 뿐 아니라 독해의 정확성도 향상되고, 배경 지식이 풍성해지므로 새로운 지문이 나와도 당황하지 않고 쉽게 문제에 접근할 수 있다.

개념노트를 활용해 어휘력을 키워라

어휘력이 부족하면 책을 읽어도 무슨 말인지 이해하기 힘들고, 심지어 아는 내용임에도 불구하고 시험에 나오는 단어의 뜻을 파악하지 못해 문제를 풀지 못하기도 한다. 초등학교 시절부터 항시 사전을 옆에 두고 모르는 단어가 나오면 확인하고 개념노트에 정리해 두면 효과적이다. 평소 꾸준히 한자 공부를 해두는 것도 좋은 방법이다. 어느 정도 어휘 실력이 쌓이면 글의 앞뒤 문맥만으로도 대강의 의미를 파악할 수 있는 경지에 오를 수 있다.

근거를 바탕으로 객관적으로 생각하는 힘을 길러라

국어는 과목 특성상 정답이 명확한 수학 과목과 달리 생각하기에 따라 다 답인 것처럼 느껴지는 경우가 많다. 그러나 국어에도 분명 정답이 존재하며, 그것은 보편타당한 논리적 근거에 기초한다. 특히 지문의 내용이 나의 생각과 다를 경우 자신의 선입견이 끼어들 여지가 더 많으므로 개인적인 의견을 배제한 채 객관적으로 사고하기 위해 노력해야 한다.

문제를 풀 때 그것이 정답이라고 생각하는 명확한 이유를 찾은 후 답을 고르고, 문제집 여백에 판단의 근거를 간단하게라도 적어본다. 더불어 틀린 문제나 찍어서 맞힌 문제는 반드시 정답을 확인해 자신의 근거와 해설지에 설명된 정답의 근거와 대조해본다. 이 과정을 반복하다 보면 조금씩 자신의 사고 흐름에 어떤 문제가 있는지 파악할 수 있게 된다.

핵심 파악 기술을 익혀라

한 편의 글에는 글쓴이가 강조하는 주된 메시지가 포함되어 있다. 전개되는 글을 내용적으로 구분할 필요가 있을 경우 단락을 나누게 되므로, 하나의 단락 속에는 하나의 중심 내용이 담겨 있다고 할 수 있다. 개별 단락의 핵심 내용을 찾아 밑줄을 그은 후 핵심 문장들을 통합적으로 이해하면 글 전체의 주제가 된다. 색깔 있는 펜을 준비해 각 단락의 중심문장에 밑줄을 긋고, 핵심 단어에도 표시를 한다. 이것을 중심으로 핵심 내용을 간략하게 요약하는 연습을 해보자.

문학은 감정 이입하며 읽어라

많은 학생이 문학은 이해하기 힘든 영역이라고 생각한다. 그래서 시나 소설을 공부할 때 무턱대고 해설부터 찾아 읽는 경우가 많은데, 이런 방법으로는 문학을 감상하는 방법을 깨닫기 어렵다.

시 속에는 말하는 사람인 '서정적 자아' 혹은 '시적 화자'가 존재하는데, 시를 제대로 이해하기 위한 가장 좋은 방법은 시적 화자의 심정에 자신의 감정을 일치시키기 위해 노력하는 것이다. 시적 화자는 어떤 사람인지, 그는 지금 무엇을 생각하고 있는지, 대상에 대해 어떤 태도를 취하고 있는지 등을 생각해보고, 결국 이 시의 작가가 말하고 싶은 바가 무엇인지 파악해본다.

소설을 이해하기 위해 가장 기본이 되는 것은 이야기 전개 양식을 제대로 파악하는 것이다. 이야기를 이루는 3가지 요소는 인물, 사건, 배경이다. 어떤 시대와 역사를 배경으로 하고 있으며, 그 속에서 등장인물들이 무엇 때문에 갈등하고 있는지, 결국 그들이 엮어가는 사건들은 어떻게 마무리되며, 그것을 통해 작가가 전하고자 한 주제의식은 무엇인지 파악할 수 있다면 소설을 제대로 감상한 것이다.

영어 공부법코칭

무조건 단어 실력부터 키워라

단어 실력은 영어를 잘하기 위한 가장 기본적인 무기다. 독해, 문법, 듣기, 쓰기도 결국 개별 어휘들의 의미 파악 없이는 불가능하기 때문이다. 단어를 암기하는 것은 일종의 습관이다. 사전 찾기를 귀찮아하는 학생은 영어와 친해지기 어렵다. 모르는 단어는 사전을 통해 확인하고 한 번 찾아본 단어는 밑줄을 그어 표시를 해두는 것이 좋다. 다음에 똑같은 단어를 다시 찾았을 경우 머릿속에 각인되는 강도가 월등히 높아지기 때문이다. 그러나 모르는 단어가 나오는 대로 바로바로 사전을 찾지 말고, 일단 표시만 해두고 먼저 문맥을 통해 의미를 유추해본 뒤 나중에 확인하는 것이 실력을 키우는 방법이다. 고민한 시간만큼 생소하던 어휘들이 익숙해지기 때문에 확실하게 오랫동안 기억될 것이다.

기초 어휘들은 영어 단어장을 이용해 주기적인 반복을 해야 독해 능력이 오른다. 나만의 단어장에는 사전에서 찾아본 의미 이외에 각종 파생어, 유의어, 반의어 등과 더불어 그 단어를 접하게 된 문장까지도 기재해야 한다. 물론 더 중요한 일은 영어 단어장에 기록된 단어들을 반복적으로 외우고 확인하는 일이다.

꾸준히 듣고 받아 적어라

많이 듣는 것보다 듣기 실력을 향상시키는 좋은 방법은 없다. 매일 10분씩 규칙적으로 영어 듣기 시간을 만들자. 집중해서 들어야 하며, 여유가 된다면 내용을 문장 단위로 끊어가며 이를 받아 적는다. 한 번에 들리지 않는다면 2~3회 반복해서 듣고 원문을 확인해본다. 이 과정에서 주로 자신이 놓치는 발음과 표현 등을 알 수 있을 것이다. 또 들리는 말의 속도와 비슷하게 자신의 입으로 빨리 말해보자. 원어민이 말하는 속도에도 익숙해질 수 있을 뿐만 아니라 자신의 발음도 교정할 수 있다.

문법의 기본기를 탄탄하게 다져라

무엇이든 기초가 부실하면 불안한 법이다. 게다가 독해의 과정이 자연스럽게 이루어지려면 문법 공부는 필수적이다.

가장 기본적인 틀을 이해하기 위해선 문장의 5형식에 대한 학습부터 시작한다. 문장 형식에 능숙해지려면 무엇보다 동사의 쓰임에 대한 이해도가 높아야 한다. 특히 긴 절과 구로 복잡하게 중첩된 문장에서 주어와 동사가 무엇인지 금방 파악할 수 있다면 기본기는 갖춘 셈이다.

그리고 우리말에 없는 문법을 정복해야 한다. 부정사, 분사, 동명사와 같은 준동사와 관계사, 가정법 등에 대한 이해가 확실하다면 그 밖의 문법 사항을 이해하는 것은 그리 어렵지 않다.

일단 1주일에 한 파트만 꼼꼼하게 마스터하는 것을 목적으로 잡으면, 이 5가지 주제를 마무리하는 데 5주 정도 시간이 필요하다.

문법은 오랫동안 기억하려면 단어 암기 때와 마찬가지로 기본 문장과 함께 익히는 것이 좋다. 또 문법책 한 권을 선택해 여러 번 공부하는 것이 효과적이다. 우선은 문형 이해에서 시작해 전체적인 가닥을 잡고, 그렇게 형성된 골격 위에 세부적인 살을 입혀 나가는 것이 좋다. 자신에게 맞는 문법책으로 여러 번 반복 학습하면, 문법의 체계가 교재의 체계와 맞물리면서 기억의 강도가 높아진다.

문장 구조를 가시화해 직독직해하라

독해에서 가장 중요한 원칙은 '직독직해'다. 즉 읽는 그대로 해석하는 것이다. 관계사·접속사 수식 절 등으로 복잡해진 문장은 보통 서너 줄이 넘어가기도 하는데, 이를 우리말 어순으로 바꾸기 위해 역순으로 거슬러 올라가며 해석하는 것은 빠른 독해에 있어 결정적인 장애물이다. 영어는 영어 문장 그대로 받아들여야 한다. 문장이 흘러가는 자연스러운 방향을 느끼면서 기본적인 의미 단위를 파악해야 하는데, 이를 위해서는 문장의 구조를 가시화하는 훈련이 필요하다.

먼저 문장의 주어와 동사를 찾아 밑줄을 긋고, 의미가 구획되는 절이나 구는 빗금으로 나눈다. 문장의 주술관계가 파악되고 끊어 읽어야 할 의미의 덩어리가 나누어진다면 읽는 순간 자연스럽게 독해가 가능해질 것이다.

수학 공부법코칭

수학의 특성을 이해하라

많은 학생이 수학을 어려워하고, 공부를 해도 쉽게 성적이 오르지 않는 과목이라고 말하며 초기에 포기한다. 그만큼 수학은 다른 과목에 비해 기초가 중요하고, 교과 과정 전체를 다 배우기 전까지는 성적에 큰 변화가 나타나지 않기 때문에 인내력을 가지고 지속적으로 투자해야 한다.

원리를 이해하고 암기하라

수학은 '정의'에서 파생한 학문이다. 따라서 기본적인 수학적 정의에 대해 충실히 이해해야 하고, 이해한 뒤에는 반드시 암기해야 한다.

정의를 외워야 할 시점은 중학교의 다항식에서부터 고등학교 과정 전체다. 이렇게 정의를 암기하면 나중에 응용문제를 푸는 데 효과적이다. 더불어 공식도 눈으로 보지만 말고 철저하게 이해하고 암기하도록 한다. 일단 공식 도출 원리를 이해하고 나면 암기하는 것은 어렵지 않다. 그러고 나서 그 개념의 예제를 반복해 풀면서 원리를 내 것으로 만드는 과정이 중요하다.

풀이 과정을 정리하라

평소 꼼꼼하고 반듯하게 정리하며 푸는 연습을 해 두어야 시험을 볼 때도 차분하게 풀어 나갈 수 있다. 풀이 과정을 정리하면서 풀면 나중에 문제가 발생하는 경우 어디서부터 틀리기 시작했는지 검토가 용이하다. 특히 실수가 빈번한 문제나 어려운 부분은 문제를 옮겨 적어 놓고 풀이 과정을 꼼꼼히 정리하면서 해결하는 것이 좋다.

반복 학습하라

어느 과목이나 마찬가지겠지만 특히 수학은 100% 이해하면서 진도를 나가는 것이 쉬운 일이 아니다. 중학생이 되면 초등학교 때보다 난이도 있는 내용이 빠르게 진행되기 때문에 배운 내용을 완벽히 익히는 것이 더욱 힘들다. 더구나 수학은 기본 개념을 중심으로 점점 심화된 내용을 다루기 때문에 학습에서 부족한 부분이 누적되면 나중에는 손을 대기조차 힘들어진다. 따라서 80% 이상 내용을 이해했다면 일단 끝까지 진도를 나간 뒤에 다시 반복하면서 이해하지 못한 부분을 채워 넣는 편이 수학에 대한 전체적인 안목을 기르고 개념 간의 연결 관계 등을 이해하는 데 유리하다.

개념을 보지 않고 설명하라

어려운 응용문제를 해결하기 위해서는 먼저 수학적 개념을 숙지하는 것이 필수다. 특히 개념이 형성되는 과정과 공식이 유도되는 과정은 충분한 시간을 들여서 이해하도록 한다. 공식은 단순히 암기하는 것이 아니라 그 공식이 어떤 과정을 통해 만들어졌는지도 함께 이해해야 응용문제를 풀 때 적용하기가 용이하다. 교과서를 펼쳤을 때 나오는 공식이나 개념을 보지 않고 설명할 수 있을 정도가 되지 못한다면 수학에 대한 개념 이해가 여전히 부족하다고 볼 수 있다. 응용문제에 대한 도전은 그다음 단계에서 시작해도 늦지 않다.

문제 풀기를 통해 심화 학습하라

개념을 완벽하게 이해했다면 그 후에는 문제를 충분하게 풀어 보면서 개념에 대해 심화 학습을 하는 것이 필요하다. 이 단계를 충실히 수행하면 문제 풀이 속도가 빨라지고, 계산상 오류는 점차 줄어든다. 또 자주 나오는 문제의 풀이 방식을 숙지하게 되어 약간 변형된 문제가 나온다 하더라도 쉽게 풀이 과정을 머릿속에 그려낼 수 있다.

취약 단원을 반복 학습하라

수학의 완성 단계에서는 취약 단원부터 공략하는 것이 필요하다. 개인별로 유난히 문제 풀이가 쉽지 않은 취약 단원이 있을 것이다. 이 부분을 최대한 빨리 발견해서 여러 번 반복하는 것이 좋다.

공신의 시크릿노트

취약 단원 점검하기

다음은 중학교 2학년 수학의 목차다. 자신이 설명할 수 있는 단원과 그렇지 못한 단원을 점검해보라. 일반 고등학교 3학년 학생들에게 아래 표를 준 뒤 설명을 시켜보았는데, 30명 중 대답하는 학생은 5명도 채 되지 않았다.

이 표를 보면서 자신이 취약한 단원을 체크해보자. 다른 학년도 이런 식으로 표를 작성해 자신의 성취도를 평가해볼 수 있다.

차례	설명한다	설명하지 못한다
유한소수와 무한소수		
순환소수와 순환마디		
순환소수를 분수로 나타내기		
순환소수와 유리수, 순환소수의 대소비교, 순환소수의 사칙연산		
참값, 근삿값, 오차, 오차의 한계, 참값의 범위		
유효숫자, 유효숫자 판별법		
근삿값의 표현		
지수법칙-곱셈, 거듭제곱		
지수법칙-나눗셈, 분수, 괄호		
단항식의 덧셈과 뺄셈		
단항식과 다항식의 곱셈과 나눗셈		
곱셈공식-완전제곱식		
곱셈공식2-합차공식 외		

등식의 변형		
곱셈공식의 변형		
미지수가 2개인 일차방정식		
연립방정식이란		
연립방정식 풀이법		
해가 특수한 연립방정식		
연립방정식의 활용		
부등식의 뜻, 성질, 풀이		
여러 가지 일차부등식, 연립방정식		
일차함수의 뜻, 정의역, 공역, 치역		
일차함수의 그래프-x절편, y절편, 기울기, 그리기		
축에 평행한 직선의 방정식, 해와 그래프, 활용		

나는 혼자 공부로 3개월만에 수능 1등급 찍었다

초판   1쇄 2018년 11월 30일

지은이 | 엄명종

발행인 | 이상언
제작총괄 | 이정아
편집장 | 조한별
책임편집 | 심보경

디자인 | mmato

발행처 | 중앙일보플러스(주)
주소 | (04517) 서울시 중구 통일로 86 4층
등록 | 2008년 1월 25일 제2014-000178호
판매 | 1588-0950
제작 | (02) 6416-3927
홈페이지 | www.joongangbooks.co.kr
네이버 포스트 | post.naver.com/joongangbooks

ⓒ 엄명종, 2018

ISBN 978-89-278-0978-4 13370

중앙북스는 중앙일보플러스(주)의 단행본 출판 브랜드입니다.